Schule: in echt

Ottmar Bauer

Schule: in echt

Bekenntnisse (2) eines Gesamtschullehrers

Schuljahr 2001/2002

Bibliografische Information der Deutschen Nationalbibliothek
Die Deutsche Nationalbibliothek verzeichnet diese Publikation in der
Deutschen Nationalbibliografie; detaillierte bibliografische Daten sind im
Internet über http://dnb.d-nb.de abrufbar.

© 2010 Ottmar Bauer
Satz, Umschlaggestaltung, Herstellung und Verlag:
Books on Demand GmbH, Norderstedt
ISBN 978-3-8391-9257-3

Schuljahr 2001/2002

Mittwoch, den 8. August, 2001

Kein Schulbeginn nach meinem Geschmack! Seit Montag haben wir Lehrer unsere Präsenztage[1]; eigentlich eine segensreiche Einrichtung, denn sie erlauben eine von Schülern unbehelligte Auseinandersetzung mit den organisatorischen Erfordernissen des neuen Schuljahres und, wichtiger, sie puffern die fünfeinhalb Ferienwochen, die Ostseefluten (des Vergessens), die Leuchttürme (der Sehnsucht), das Brötchenholen, Rasenmähen, Essenkochen (der Verdrängung) gegen den realen Terror des Schulalltags ab. Dennoch habe ich gelitten wie ein Tier. Am Montag unter dem Leerlauf, der eigenen Spurlosigkeit, der Reduzierung auf ein ungelenkes Namenskürzel in der Anwesenheitsliste. Am Dienstag, Mittwoch unter der geballten Wucht der Planungen und Entscheidungen; sie trifft mich wie immer, aber diesmal stärker, in der Bauchgegend, verursacht aufwärts flimmernde Übelkeit, abwärts flatternden Schiss.

»Was meinst du dazu, Ottmar?«

Wir sitzen im Jahrgangsraum, Anita, Wolf, einige Fachkollegen und ich. Es geht, Moment, um die Gruppenstärken von A- und B-Kursen[2] in Englisch. Aus sechs undifferenzierten Gruppen sollen acht differenzierte Kurse werden. Die Zuweisungen sind mit den LEB-Konferenzen[3] erfolgt; die Leistungsstarken nach A, die Leistungsschwächeren nach B. Was jetzt kommt, ist Arithmetik.

»Unser Konzept von ehedem«, soweit habe ich das Zahlenwerk durchschaut, »unser pädagogisches Konzept, d. h. kleine B-Kurse, große A-Kurse, können wir wohl vergessen.«

In der Tat, das geben die Zahlen nicht her; es sei denn, wir schafften sechs B-Kurse à 17 Schüler und zwei A-Kurse à 35 Schüler. Aber zu Letzterem hätten wir nicht einmal die Räume.

»Lass da ein, zwei Figuren von B aufsteigen, zwei Quereinsteiger aus dem Gymnasium dazu – und alles bricht zusammen!«

»Wie wäre es mit drei A-Kursen, fünf B-Kursen?« Ich weiß schon, was kommt.

»Dann springt der Stundenplanmacher im Dreieck!« Eine Riesenschule wie unsere ist nur in geraden Zahlen beherrschbar.

Also: kleine A-Kurse, große B-Kurse.

»Es geht nicht anders.«

Nächstes Problem. Wer nimmt welche Kurse? Die Anwesenden sollen wählen dürfen.

»Schon entschieden?«

Ich bin gefragt. Einen Kurs, mehr sieht mein Stundenplan nicht vor. Altersteilzeit.

Beide, A und B! Nein, keinen von beiden, ruft es in mir.

»Ich weiß nicht so recht«, sage ich.

»Na, Ottmar! Nimm doch den A-Kurs. Das hast du dir verdient.«

Die blasierten, leistungsstarken, lahmen Schülerinnen, no names, please, die habe ich mir verdient? Und soll die Lieben, Brigitt, Yasmen, Lydia, Hannes, Lasse, ziehen lassen? Blitzartig fällt mir auch das nächste Schuljahr ein; wenn ich jetzt Englisch-A nehme, dann muss ich in 8, wenn weiter differenziert wird, als Klassenlehrer, Deutsch-B nehmen. Ist das gut?

Ich denke an meine Aktenordner hoch qualifizierter Interpretationen, Goethe, Storm, Brecht, und müsste Englisch-B sagen, aber ich sage »A-Kurs«. Anita und Wolf notieren's.

Achtzehn Schüler, darunter vier aus meinem neuen Lateinkurs.

»Handverlesen«, das einschlägige Pädagogenurteil. Meine wenigen B-Kurs-Schüler hingegen werden gesplittet, gehen zu Frau Steffens und Frau Hermit. Auch das gegen das Konzept;

B-Kurs-Schüler sollen in ihrer Heimatgruppe bleiben. Es ist zum Heulen!

»Ja, habe ich zu gut zugewiesen? Oder zu gut unterrichtet?«

Nichts von beiden.

»Deine Klasse ist zu gut.«

Das hatte ich vergessen. Wie ich auch das neue Arbeitsstundenkonzept, die Gelder zur Aktion ›Langer Atem‹, die Bücherbestellung Deutsch, die Klassenfahrtplanung 8, den leidigen Lehrerwechsel in Latein vergessen habe!

Jetzt stürmt alles auf mich ein, ein Bombardement von Ungelöstem. Reglos sitze ich da mit meinem Pochen in der Magengrube und leide, wie gesagt, wie ein Tier. Um mich weiter zu quälen, phantasiere ich, die Schulleitung könnte mich losschicken (»Ach, Herr Bauer, das wäre doch was für Sie«), einem mittelrangigem Besucher, einer Elterndelegation, einem Vertreter der Stadt, einem Pressemann vor offenem Mikrophon z. B. das Förderkonzept unserer Schule, die letzte Abschlussverordnung oder auch nur die von unserem Jahrgang neu geplante Arbeitsstundenregelung zu erläutern.

»Wie bitte?«

Klassenfahrten. Ob ich schon?

Nein, noch nichts festgemacht, noch nicht einmal – aber Hella hat das auch noch nicht; danke, Hella – die Klasse befragt. Das Erlebniscamp Harz, das ich ursprünglich mit Eckhard zusammen belegen wollte, war urplötzlich weggebucht (von Klaus-Peter Schwedhardt, um es genau zu sagen), während das Erlebniscamp Schweriner-See, vor einem halben Jahr, seine Terminplanung noch nicht auf Reihe hatte. Ansonsten?

»Ja, willst du nicht vielleicht mit aufs Ijsselmeer? Je mehr wir sind, desto billiger wird die Busfahrt.«

Ijsselmeer, Plattbodenschiff, Segeln raus ins Wattenmeer, Selbstversorgung, holländische Hafenstädtchen, freundliche Skipper, ideal!

»Ich dachte, das ist eher was für 10.«

Ich will und ich will nicht. Wenn zwei, drei Klassen zusammengehen, Anitas mit dabei, mag ich nicht abseits stehen. Eifersucht, von mir aus. Ich will die Klasse fragen.

»Nächste Woche Donnerstag brauchen wir eine Entscheidung.«

»Donnerstag, das ist eine Ewigkeit!« Keiner lacht.

»Nächster Punkt: Jahrgangsveranstaltungen.« Es geht Schlag auf Schlag: Tagesfahrt nach Quedlinburg/Elbingerode (›Die mittelalterliche Stadt‹), musisch-kultureller Abend, mit zwei vorgeschalteten Projekttagen, Bundesjugendspiele, Tropenhaus Hannover (›äquatoriales Afrika‹).

»Findet ihr euch da wieder?«, fragt Anita zu jedem Vorschlag. Wohlwollendes Grummeln in der Runde; weit weg alles. Quedlinburg kann ich mir bestens vorstellen, wenngleich mir Tangermünde (»Zu weit!«) durch seine Lage an der Elbe reizvoller erschiene und ich ein wenig um die didaktische Abgrenzung der mittelalterlichen Stadt und dem gerade mal 150 Jahre alten Bergwerk Elbingerode bange.

Ein musisch-kultureller Aktionstag (anstelle von Rosenmontag!) ist für einen Phantasiemenschen natürlich ein Geschenk des Himmels, aber ebenso natürlich, um nicht zu sagen psychosomatisch, regt sich in mir die Angst vor der kreativen Leere, papierblattweiß, marmorblockschwer.

Eckhard Schöller scheint derartige Nöte nicht zu kennen. Er ist schon lange von unserer kleinen Planungsrunde aufgesprungen, hat wegen irgendwelcher »Nägel mit Köpfen« den Raum verlassen und ist mittlerweile mit einem meterbreiten GEW[4]-Jahreskalender zurück.

»Hat mal jemand einen Edding?« (Edding, an der Schule verboten!)

Kram, kram hier und da. Ich ahne Böses. Er will die Ferienzeiten markieren, d. h. mit tödlicher Sicherheit aus-ixen. Anita macht schnelle Schlangenlinien, Eckhard macht XX. Beides sieht scheußlich aus. Ich möchte ihm einen breiten Marker anbieten, zwecks flächiger Kolorierung, Gelb für sonnige Zeiten oder ein leichtes Freizeitrosa, am liebsten mich mit Buntstiften darüber hermachen, denn Marker, das weiß man, geben schnell mal den Geist auf und könnten die nächsten Sommerferien – oder sollte uns das zu denken geben? – nach dreieinhalb Wochen ausklingen lassen.

Eckhard ist ohnehin mitten in seiner genialen Ixerei und wird gleich mit dem scheuen Stolz des Tatmenschen den komplett scheckigen Plan, denn kein X ist wie das andere, die meisten überlange Stelzengänger, andere gequetscht und gedrückt, zur allgemeinen Begutachtung hochheben.

»Eintragen!«

So haben wir binnen anderthalb Stunden ein geschlagenes Schuljahr auf dem Plan, binnen zwei weiteren Minuten den Plan an der Wand und können, Originalton Anita, »stolz auf uns sein«, zumal wir die große Rückerei und Räumerei im Jahrgangslehrerzimmer schon hinter uns haben und eigentlich nur noch das morgige Frühstück, Arbeitsfrühstück, organisieren müssen. Während ich zum Spaß, denn es geht aufwärts mit mir, ›Kopfsülze, Schmalz und Blutwurst‹ in die rumgereichte Liste schreiben will, in Wahrheit wird ›Schinken und Wurst‹ daraus, gucke ich quer durchs Lehrerzimmer zu meinem neuen Platz.

»Auf Ottmars lang gehegten Wunsch werden wir den großen Tisch rausschmeißen«, so hatte es vor der Räumaktion geheißen. Seltsamerweise bin ich der einzige, der Anita hier faustdick widersprechen müsste; denn der besagte Tisch steht neuerdings zur Disposition, nicht weil ich mich jemals mit meinem Ceterumcenseo ›Je mehr Tisch, desto mehr Chaos‹ durchgesetzt hätte, sondern weil die neue Klassenlehrerregelung (Wo bleibt eigentlich mein neuer Co?) mindestens zwei neue Arbeitsplätze erforderlich macht: einen für Jost Obersträßer, der die kleine Schwäche mitbringt, nicht mit dem Rücken in den Raum sitzen zu können, und einen für Ditta Förster, die als in der Sek II beheimatet und als Frau von hohem Krankenstand ohne alle Auflagen kommt, ja sogar mir (Danke, Ditta!) vorbehaltlich eine Handbreit ihres Tisches für meine selbst gebaute Aktenablage einräumt. Ihr also gegenüber sitze ich ab sofort, ein echter Hinterbänkler, machtfern, von Anita durch halbe Rufweite und Jost Obersträßers ebenso empfindsame wie kompakte Rückenpartie und seine offene Indianerfrisur getrennt. An Josts Platz hätte ich auch sitzen können (mein Verschiebebeschreibtisch aus rosa Millimeterpapier lag schon einmal genau da) mit der Hälfte des Jahrgangskollegiums hinter, Anita vor mir – aber da war sie wieder, die Frage A oder B, Schiff oder Camp, Schlange oder X – es wird immer das Falsche, und immer bin ich der Leidtragende und habe, bitteschön, das Recht unglücklich zu sein!

Donnerstag, den 9. August

Erster Unterrichtstag. Die alte Erfahrung, dass alle Nöte, alle Angst von einem abfallen, sobald man vor der Klasse steht, will sich heute nicht bewahrheiten. Es ist zweifellos beruhigend, die lieben Gesichter vollzählig und strahlend um sich zu sehen. Sogar ein Lächeln, ein Zwillingslächeln von Kerstin und Hanna, hat es gegeben, als ich mit einem unauffälligen Schlenker zu ihrem Sonnenplätzchen die Treppe am Brunnen hinaufgehe.

»Na, freut ihr euch schon?«, frage ich mit pädagogischer Verschmitztheit.

»Ja, voll, Herr Bauer«, ist die Antwort und heißt im Klartext: »Verschonen Sie uns.« Das wiederum ist Ausdruck zweimal dreizehnjähriger Verlegenheit, die mit einem »Na ja, ein bisschen schon« nicht recht heraus will.

Die Routine der Stundenplanbekanntgabe tut ein Übriges.

»Frau Förster ist streng, aber eine sehr nette Frau; das werdet ihr bald feststellen.«

»Tut mir leid, die Räume für die Wahlpflichtfächer kann ich euch noch nicht geben.«

»Die Tut-Stunde[10] am Dienstag in der Mittagpause, die tragt ihr bitte erst mal in Bleistift ein.«

Aber als ich nach dem ersten Gong meine Blätter packe und ins Lehrerzimmer gehe, da tue ich Erstes mit einem hörbaren Seufzer, Zweites schleichend. Die Berge liegen noch vor mir.

Allein der Papierberg auf meinem Schreibtisch – unbezwingbar! Letztjahresmaterialien aller Fächer, Klassensätze, Druckvorlagen in Klarsichtfolie, Zeugniskopien, vergessene Entschuldigungen (vergessen wegzuschmeißen!), Folien über Folien (du denkst, es sind zwei, dabei sind es zwanzig), alte Lateintests, Einladungen, Aufrufe, Verlagsprospekte, Tausenderlei, Wichtiges und Unwichtiges. Das Ganze wegordnen würde einen kompletten Arbeitstag kosten.

Neben mir Klaus-Peter Schwedhardt, bei dem es sich normalerweise auch türmt, kann eine freie Tischplatte vorweisen. Ja, und Jost Obersträßer, so aufgeräumt wie er selbst, so blank geschrubbt wie seine sommers und winters nackten birkenstockgebetteten Füße, so makellos wie sein hoch auflösender Lidscreen, so auch sein Schreibtisch.

Sehe ich bei Klaus-Peter, der nicht nur lieber Kollege, sondern auch Freizeitimker ist, wenigstens die notorischen Honiggläser? Gibt es bei Jost, dem Wunderkindervater, vielleicht einen Konzertprospekt, einen sauberen CD-Stapel (›Das Obersträßer-Trio musiziert im Rittersaal des Gifhorner Schlosses‹)? Nichts. Es ist eine Verschwörung.

Aber all das, so sehr es zu Papier drängt, wollte ich gar nicht erzählen. Wichtiger der folgende Dialog aus dem Stundenplanerbüro. Nach wie vor gehe ich gern dorthin. Ich fühle mich – beschwerdefrei wie ich in 99 von 100 Fällen bin – wohlgelitten und finde für meine kleinen Anliegen immer ein offenes Ohr. Auch heute.

»Ja, die Arbeitsstunden[5] in 7/5. Ich weiß«, sagt Jens Hütteroth.

»Die Idee war«, aber daran brauche ich nicht zu erinnern, »fünf Arbeitsstunden verteilt auf fünf Tage. Was wir haben, sind zwei Doppelstunden. Das ist tödlich.«

Jens, aus dunkler Augenpartie (denn der neue Job reibt ihn auf, im Gegensatz zu Rölle, von dem es heißt, er habe sich in der heißen Phase der Stundenplanerstellung wochenweise zum Golfspielen abgesetzt) – Jens sieht das genau so, verspricht eine Lösung. Ihm schwebt schon was vor. Augenblick mal.

»Heiner, wenn es schnell geht – was kann ich für dich tun?«

Bei Heiner Niethammer geht es immer schnell. Dr. Niethammer, schillernde Figur. Lange bevor er den Raum betritt, hört man sein lautstarkes, geschäftsmäßiges, meist gut gelauntes, immer leicht meckerndes Organ. Im anderen Beruf Immobilienmakler, ist er in Unterricht und Konferenzen ohne Handy schwer vorstellbar. In der Frage seines Promotionsfachs gibt es gleichrangig die Nennungen Religion und Sprengstoffkunde. Ebenso hat man über seine Lehranliegen gut spekulieren; zu seinen Lehrmethoden scheinen auf jeden Fall Straffung und Abkürzung zu gehören.

Cool, sagen die Schüler.

Die Lehrer sagen mehrheitlich gar nichts. Einige, denen er Börsentipps gibt, Wohnungen verkauft oder nur Dönekes aus der Braunschweiger Geschäfts- und Halbwelt erzählt, auch diejenigen, die schon in seinem Hubschrauber mitgeflogen sind oder sein Nobelrestaurant in Lehndorf besuchen, scherzen mit ihm.

»Freitag, 5. und 6. Stunde«, schnarrt er, »bin ich leider verhindert. Muss meinen Vater nach Hannover fliegen.«

Jens nickt sein O.K., greift ins Formularregal.

»Muss FP unterschreiben.«

Immerhin, denke ich. Er kann ihm nicht nein sagen, ist selber Flieger, hat auch andere Sorgen, dann wird's die Chefin tun. Immobiliengeschäfte, Niethammer & Sohn, anstelle einer Doppelstunde Religion! So weit kommt es!

Aber es ist gar nicht Religion. Und ausfallen tut ja so vieles. Zum Beispiel in meiner Klasse, wie ich erfahren muss. Ich bin schon fast auf dem Heimweg, will nur noch den Ordnungsdienst an die morgige Müllentsorgung erinnern.

»Adrian, Lasse!«

»Ich kann nach der 6. Stunde nicht. AWT[6] fällt aus«, sagt Adrian.

»Ich alleine?! Ich glaube, ich spinne!«, müsste jetzt von Lasse kommen. Aber Lasse ist zu gutmütig, vielleicht auch nicht schnell genug.

»Ist mir egal, wer es macht. Ihr steht auf dem Plan, ihr seid verantwortlich«, sage ich vollmundig. »Wieso überhaupt fällt AWT aus? Seid ihr die Gärtner-Truppe?« AWT wird in 15-Gruppen unterrichtet; eine Kerngruppe hat also zwei AWT-Lehrer.

Ja, sie sind die Gärtner-Truppe. Aber sie haben jetzt bei Niethammer.

»Bei Herrn Dr. Niethammer«, verbessere ich, mit gleitender Betonung von ›Herrn‹ auf ›Doktor‹.

»Ja«, sagt Adrian , Vorwurf in der Stimme, »Haben Sie gar nicht angeschrieben.«

Lehrerwechsel in AWT? Ist mir entgangen. Ausgerechnet

Niethammer? Den Namen merkt man sich doch! Böse Fehlleistung.

Ich komme ins Grübeln. Wahrscheinlich wird in Waggum gerade der Helikopter aufgetankt. Wahrscheinlich steht der Senior von Niethammer & Sohn, Immobilien vor einer dreifachen Bypass-Operation in Zürich oder Boston.

Freitag, den 10. August

Freitag zur Dritten. Eine Stunde Englisch. Dann Schluss. So will es mein neuer Stundenplan.

»Wegen einer Stunde antanzen? Zumutung!«, höre ich von den Kollegen der Fahrgemeinschaft. Wahrscheinlich sähen sie gerne meine beiden Nachmittage (eine Stunde AS, zwei Stunden Latein) um die eine Freitagstunde gruppiert. Sehr fürsorglich.

Ich selbst bin weniger entsetzt. Eine Stunde, noch dazu eine so mittelfrühe, sage ich mir, ist besser als zwei, drei oder vier. Und wer mit einer Stunde nicht ausgelastet ist – hier treffe ich mich mit der Fahrgemeinschaft, und zwar um 7.25 Uhr, – der kann ja schon zur ersten kommen, z. B. um seinen Schreibtisch aufzuräumen.

Gesagt, getan. Aus dem Riesenberg sind mittlerweile drei Riesenberge, Englisch, Deutsch, Sonstiges, geworden. Was nicht heißt, dass ich etwa unvorbereitet in die einsame dritte Stunde gegangen bin.

Im Gegenteil. In einer neuen Gruppe (Englisch-A-Kurs aus 7/5 und 7/3) tut man gut daran, nicht allzu larifari anzufangen. Also nicht, oder doch nicht länger als fünf Minuten: »Tell us about your holiday«, sondern die bewährte Folie rausgeholt, die zum Thema Ferienbericht drei Dutzend Versatzstücke anbietet (›It was our first / second / third time in …‹, ›of course we did /

didn't do a lot of sightseeing / shopping‹), so dass jeder, egal ob er allein zur Oma oder mit den Pfadfindern zum Zelten oder gar nicht weggefahren ist, seine gute dreiviertel Seite schreiben kann. Voraussetzung ist, dass der Lehrer die Folie findet.

Zur Sicherheit ist mir der Dialog ›A Wonderful Holiday‹ eingefallen, oder bei meiner Suche in die Hände gefallen, in welchem eine Liz ihrer Freundin von dem desaströsen Familienurlaub in Frankreich berichtet (›stuck in Gatwick, crowded beaches, awful weather, lousy food, five boring novels‹), aber dennoch auf ›wonderful holiday‹ besteht, weil sie nämlich am letzten Tag einen Étienne kennen gelernt hat. ›Some people have all the luck.‹

Das kam mäßig an, wurde möglicherweise nicht einmal verstanden, jedenfalls von denen nicht, die Étienne für einen Mädchennamen hielten.

Enttäuscht, kleiner Studienrat? Für den Fall gäbe es ja noch die Grammatik: Liz muss nämlich während ihres Berichts reichlich Missverständnisse aufklären (›We didn't go by car, we went by plane‹, ›I didn't sleep in a hut, I slept in a tent‹, twenty or so pairs), – eine Übung, die ich freilich lieber auf die nächste Woche verschiebe, denn ich ahne allgemeines Aufstöhnen, wenn ich für die zweite Stundenhälfte dieselbe Geschichte noch einmal als Folie auflege. Es steht ja auch die Einführung in die Lexikonarbeit an. Und: unsere Klassenuhr, radio-controlled, zeigt seit dem neuen Schuljahr penetrant auf 13.47.

Was finde ich, auf einem der hinteren Mädchentische stehend, als ich die Uhr in der großen Pause abnehme, auf der Rückseite? In English, die Anleitung ›How to re-start the clock after insertion of battery‹, ein didaktischer Leckerbissen. Some people have all the luck. Schnell den Text rückseitig an die Tafel, neun Wörter unterstrichen (›set, insert, hand, button‹ etc.) und später mit der Aufgabe versehen ›Find them in your dictionary‹. So steht die Uhr nach zwanzig wertvollen Unterrichtsminuten frisch verarztet im Fenster, wo sie bitteschön die Signale auffangen soll. Und tatsächlich, kurz vor dem Gong, da tickert der spinnbeinige Sekundenzeiger plötzlich auf die Zwölf und zeigt zur rechten Zeit auf ten thirty-five precisely. Lernziel erreicht. Große Pause. Leider kein Fachleiter around und, ach, keine Referendarin!

»Wann fangen wir mit dem neuen Buch an?«, fragt Victoria beim Rausgehen. »Die anderen …«

Hätten schon mit Orange Line 3, Unit 1 angefangen?

»Das möchte ich bezweifeln. Die Bücherausgabe ist erst Anfang nächster Woche.«

»Doch, Herr Bauer.« Es klingt, als wollte sie sagen, die machen schon richtigen Unterricht.

Mittwoch, den 15. August

Montag frei, Dienstag Bücherausgabe, Mittwoch a visitor from Herefordshire – wann also fangen wir endlich mit dem ›richtigen Unterricht‹ an?

»May I introduce to you Ruth from England. Ruth, this is 7/5 and they'll be …«, only to anxious to ask you lots and lots of questions, wollte ich fortfahren. Aber Seven/Five will erst mal zusammengestaucht werden. Gerede hier und da, grundloses Lachen, Zuspätkommer, die sich beim Nachbarn ausführlich aufs Laufende bringen. Also erst mal deutsch geredet: Ob sie sich nicht wenigstens einmal zusammennehmen können? Respekt vor unserem Gast, Gebot der Höflichkeit, einmalige Chance!

»In other words, shut up, and ask your questions!«

Erstaunlicherweise kommen tatsächlich Fragen. Enrik Graf, unser neuer Schüler, Lara, Florian. »How old are you?« »Where do you live?« »Speak you German?« »What are your hobbies?«

Ruth allerdings, da muss ich meine Schüler in Schutz nehmen, ist eine Herausforderung an die Schülerdisziplin. Sie spricht schnelles, leises, schweres Englisch (›attend‹, ›physical education‹, ›demanding‹ etc.), und sie kommt aus einem nicht eben hochenglischen Landstrich zwischen Birmingham and the Welsh border.

»Find Birmingham on the map of England in your books.« Hobbies next. Netball.

»Who can write the word netball?« Endlich etwas Griffiges. At schools in England, the boys play football, the girls play netball. Netball is like basketball, only …

Ich achte auf peinlichste Ruhe. Ruth kommt von keiner der runtergewirtschafteten Schulen, von den man in World & Press liest, die ständig einen Supervisor im Haus haben und schnell mal geschlossen werden, sondern von einer Schule mit »standards« (so ähnlich drückt sie sich aus); mein Respekt jedenfalls ist ihr sicher. Sie ist dreizehn, ein schmales Kind, und vielleicht sollte ich nicht so viel Aufhebens von ihr machen. Aber massively ahead of her years when you talk to her, well-informed, well-read, well-behaved, and, well, funny. Dass sie eine kleine Schauspielerin ist, lots of faces, lots of cheek, kriege ich erst am Nachmittag mit, bei uns zu Hause, von wo Lissi, zurück von einer UNESCO-Tagung, sie abholen kommt. Bei Lissi ist sie zu Besuch, und Lissi hatte mich gebeten, sie einen Schultag lang zu betreuen.

Peinlicherweise fiel mitten in unsere kleine Fragestunde die Durchsage, dass der Unterricht für die Klassen 5 bis 7 (oder 10?) ausfiele.

»What's ›Hitzefrei‹ in English?« frage ich Ruth, als das Jubelgeschrei abgeklungen ist. Ich will's unseren Kindern aufs Butterbrot schmieren.

»It does not exist«, sagt Ruth.

»See«, sage ich.

Heute bin ich ein doppelter Hitzefreigegner. Denn bis Lissi kommt, 4 Uhr, was mit Ruth machen? Nach Hause fahren, Mittagessen kochen, ins Schwimmbad gehen, wo wir Inga mit Stella und ihren Freundinnen treffen könnten? In die Stadt fahren, den Löwen angucken, einen Blick rein zu Heinrich und der englischen Mathilde tun? – ja, das wär's gewesen.

Stattdessen unterhalten wir uns, angeregt, in unserer Küche, vorm Bücherregal, über meiner foreign coin collection, und haben keine Not, die Zeit rumzubringen.

Wie anders unsere Erstbegegnung Freitag früh! Ich steige fahrgemeinschaftlich zu Lissi ins Auto, with Ruth in the back. Lissi (uncouth Lissi) denkt gar nicht daran, uns vorzustellen. Da bin ich natürlich Englischlehrer genug, bis hart vor Wolfsburg kein einziges Wort mit der Besucherin zu wechseln.

Donnerstag, den 16. August

Einen kurzen, quälenden Nachtrag zum Thema Lehrmittelfreiheit kann ich mir nicht verkneifen. Denn es hat einiges Gemaule und Gemäkele gegeben. Kaum sind die Bücher verteilt, d. h. vom großen Stapel genommen (»Und zwar der Reihe nach! Bitte nicht von unten vorgrabbeln!«), kaum sind wir beim Ausfüllen der Leihscheine, da geht das Fragen los.

»Ich krieg die Inventarnummer nicht rein, die ist viel zu lang.«

»Deshalb sollt ihr nur die letzten drei Ziffern eintragen. Ich sagte es.«

»Die Nummer von meinem Geselle-Buch hat nur zwei Ziffern.«

»Mein Geselle-Buch hat vier Ziffern. Die würde ich reinkriegen.«

»Mein Geselle-Buch hat gar keine Nummer.«

Das kann nicht sein. Zeig mal her. Tatsächlich. Stempel, aber keine Nummer.

»Dann schreibst du: ohne Nummer.«

»Das passt nicht ins Kästchen.«

»Dann kürzt du es ab.«

»O. N.?«

»Ich würde ›ohne‹ ausschreiben und Nummer normal mit ›Nr.‹ abkürzen?«

»Geht das so?«

»Ja, das geht. Prima. – Wisst ihr was? Wir wollten die Büchergeschichte in zehn Minuten erledigt haben. Das ist unsere Deutschstunde!«

Aber kaum dass die Leihzettel endgültig ausgefüllt sind, auch unterschrieben sind, von den Jungs mit 100% erwachsenen, 100% unlesbaren Krakeln, und eingesammelt werden können, gibt es weiteren Unmut.

»Was ist, Ilka?«

»Ich will mein Englischbuch nicht. Das ist total verpekt.«

»Wo ist das total verpekt?«

Ilka zeigt es vor. Und sie hat Recht. Total verpekt.

»Ich möchte nämlich keine 20 Mark bezahlen.« Sie meint, beim Abgeben am Ende des Schuljahres.

Ich bezweifele im Stillen, dass an der ganzen Schule jemals irgendein Schüler auch nur einen einzigen Pfennig für die Verschmutzung von Lehrbüchern bezahlt hat, möchte aber Ilka in der Lehrmittelfrage auf meiner Seite wissen und ersinne daher folgende Lösung:

»Du machst hinter Englisch ein Sternchen und beschreibst unten den Zustand des Buches, und ich unterschreibe das. Dann muss notfalls ich die 20 Mark bezahlen.«

»Also soll ich schreiben: ›Total verpekt‹?«

»Nein. Schreib: Einbanddeckel und Seiten soundso stark verschmutzt.«

»Mein Bio-Buch ist auch stark verschmutzt«, meldet sich jemand.

»Mein Sprachbuch ist nicht stark verschmutzt, aber stark voll geschrieben«, ein anderer.

»Mein Geselle-Buch fällt schon auseinander.«

Das Ende vom Lied ist, aber das erst nach der Pause in dieser Doppelstunde Deutsch, dass ich vorn am Lehrertisch für ein gutes Dutzend Schlange stehender Schüler Mängel quittiere und versuche, allen ein gutes Gefühl zu geben. Nur Benni muss ich unverrichteter Dinge zur noteingerichteten Stillarbeit (»Lest die Ballade ›Belsazar‹«) zurückschicken, denn wir wollen auch nicht pingelig werden.

Abschließend fünf Minuten Lehrervortrag zum Sinn und Unsinn von Lehrmittelfreiheit, die Jockel als »Ausführungen« einstuft, die ich vor Jahresfrist in gleichem Wortlaut schon einmal vorgetragen hätte.

»Da könnt ihr mal sehen!«, rede ich mich in der Hoffnung heraus, dass es sich dabei um das letzte Wort handelt. Trügerische Hoffnung!

Das letzte Wort hat Frau Schwartz aus dem Büchermagazin im Schulkeller. Es gibt nämlich von den meisten Lehrwerken so genannte Ausweichbestände, von ›Orange Line‹ gar einen neu eingetroffenen Schwung druckfrischer Exemplare (was uns auf mindestens drei weitere Jahre an das Lehrbuch bindet). Schüler mit berechtigten Beanstandungen möchten sich bitte nach einem festzulegenden Zeitplan, für uns Mittwoch, zweite Stunde, Deutsch, im Keller einfinden.

Dienstag, den 21. August

Bei meinen Aufräumarbeiten sind mir irgendwann ein knappes Dutzend Wahlbögen ›WPB1‹ in die Hände gefallen. Der Wahlpflichtbereich 1, also Französisch, Latein, Gesellschaft, AWT, Theater usw., ist am Ende von Klasse 6 von den Schülern zu wählen. So was hebt man nicht sechs Jahre auf, so was wird entsorgt. Es sei denn, man findet darunter eine Folie, die man sich zum Elterninformationsabend hat ziehen lassen. Die hat 50 Pfennig gekostet, die ist so blankomäßig frisch, die wird nicht weggeschmissen! Zumal unser Nachfolgejahrgang von Gerald Freitag geleitet wird. Ihm lege ich das gute Stück mit sauber angeklammertem Gruß ins Fach.

Heute kommt mir Gerald mit seinem wiegenden Schritt – denn er hat gerade die erste von zwei Hüftoperationen hinter sich – an der Glastür zum Haus C[7] entgegen. Er strahlt mich an.

»Hast du Verwendung für die Folie?«, frage ich.

»Aber und wie! Ich bin begeistert. Habe sie gleich in meinem Wahlpflichtbereichsordner abgeheftet.«

»Ich dachte mir, dass du der richtige Mann dafür bist.«

»Nach so einer Folie würde sich wohl jeder Jahrgangsleiter die Finger lecken.«

»Da bin ich froh, dass ich sie nicht weggeschmissen habe.«

»Ein gutes halbes Jahr, dann stehen bei uns die Wahlen an. Da ist eine solche Folie von unschätzbarem Wert. Schülerinformation, Elterninformation. Eine saubere Folie erspart tausend Worte.«

Ich teile seine Auffassung voll und ganz, ahne aber, dass Gerald für jede tausend Worte, die er spart, noch mal tausend drauflegt.

»Es wäre eigentlich Aufgabe der Schulleitung, sprich Angang, uns mit solchen Materialien auszustatten.«

Ich wiege nachdenklich den Kopf.

»Umso richtiger finde ich es, dass du sie mir, als nächst betroffenem Jahrgangsleiter überlassen hast.«

Ich schiebe die Glastür, die zugehen will, mit dem Fuß zurück.

»Natürlich werde ich sie Ulrich«, Ulrich Angang, didaktischer Leiter, »in seiner Eigenschaft als Kerngruppenleiter in meinem Jahrgang, wenn es so weit ist, nicht vorenthalten.«

Stundenlang hätte ich Gerald lauschen mögen. Als ich ihm schließlich, nach dem Stundengong, durch die Glastür hinterher blicke, sage ich mir, egal, welchen Fortschritt meine Folie gebracht hat, als allernächstes muss die zweite Hüfte her.

Mittwoch, den 22. August

Was aus Verlegenheit begann, hat sich wieder einmal zum großen Unterrichtsthema gemausert. Belsazar. Seite 102 im Lesebuch.

Die Mitternacht zog näher schon,
In stummer Ruh lag Babylon.

»In stiller Ruh«, verbessere ich, kenne doch meinen Heine.

»Bei mir steht ›stummer‹«, sagt Adrian. Brille aufgesetzt. Tatsächlich.

»Lies weiter, Adrian. Danke. Und lass dich von mir nicht mehr unterbrechen.«

Es klirrten die Becher, es jauchzten die Knecht',
So klang es dem störrigen Könige recht.

›Störrigen‹, denke ich, interessant. Wir werden die Adjektive zu untersuchen haben. Eine Folie mit 20, 30 Blankolöchern. Zugleich Vorstufe zum Auswendiglernen. ›Stummer Ruh‹, ›gülden Gerät‹, ›frevler Hand‹, ›grause Wort‹, ›stieren Blicks‹. Später finden wir heraus, dass Heine nicht nur Farben und Töne spielen lässt, nicht nur altertümelt, Stil hebt, sondern auch verkürzt, härter, männlicher macht.

»Das passt zum Reim, wisst ihr das?«

Ich nenne kurz, bzw. schreibe in Beispielen an die Tafel, den Unterschied zwischen männlichen und weiblichen Reimen. Nacht – bracht; Herzen – Schmerzen.

»Wie viele männliche und wie viele weibliche Reime gibt es in der Ballade?«

Ich bin begeistert. Die Kinder sind beschäftigt. Ich überfliege die Verben. Auch sie sind interessant. Sprunghafter Zeitengebrauch! Wieder eine Stunde geplant: Löcherfolie. Wer liest vor? Dann Stillarbeit. Eine Liste aller Verben der Ballade, das Tempus dahinter (»in zwei Spalten, bitte bündig«). Haben wir nicht vor den Ferien die Zeiten behandelt? Und ist das hier nicht eine ganz famose Gelegenheit zum Wiederholen?!

Soll ich mich etwa auch an die Verslehre wagen? Denn in derselben Häufigkeit, wie Heine zwischen Präteritum und Präsens wechselt, wechselt er auch den Rhythmus. Jambus, Daktylus; Daktylus, Jambus. Und aus genau demselben Grund: nur nicht langweilig werden, nur nicht leiern, Spannung halten.

›Eine Ballade ist ein in Strophen geschriebenes Gedicht, das eine außergewöhnliche, oft geheimnisvolle, immer dramatische, spannende Begebenheit aus der Geschichte oder Sagenwelt erzählt.‹ So könnte, so wird unser Seitchen Interpretation im Heft anfangen. Apropos ›geheimnisvoll‹.

»Es gibt zwei Dinge, die sind geheimnisvoll in dieser Ballade. Welche?«, frage ich, als Adrian, Diane, Florian und Hanna, in der Einführungsstunde, zu Ende gelesen haben.

Das ist nicht schwer. Da kann ich auch Lasse, Kevin, Kerstin drannehmen, oder die Stillen; Brigitt, Yasmen, Hannes, René.

Moment mal! Kevin? Lasse? Auch Nils. Sie melden sich wie die Verrückten, schon einige Stunden lang. Prima, Lasse! Weiter so, Nils! Nehmt euch ein Beispiel an Kevin (ihr Leistungsträger)! Zwei geheimnisvolle Dinge.

»Die Schrift an der Wand, was die bedeutet.«

»Und?«

»Warum der König von seinen Knechten umgebracht wird.«

»Ist das wirklich geheimnisvoll, Enrik?« Riskante Fragestellung. Gegen den Strich. Ich werde nicht müde, darauf stolz zu sein.

Enrik muss überlegen. Er muss auch meinen Blick aushalten.

»Eigentlich doch«, sagt er. Ich atme auf. Prima, Enrik.

Jockel erklärt, warum. Die Knechte halten die ganze Zeit loyal zu ihrem König und bringen ihn trotzdem um.

»Habt ihr gehört, was Jockel gesagt hat, ›loyal‹? Wer weiß ein anderes Wort dafür?«

Begeistert? Betrunken? Männlich?

»Es fängt mit t an.« Jetzt endlich!

»Schreib beide Wörter an, Jockel, ›loyal‹ und ›treu‹.« Aber Jockel will nicht. So ein schönes Wort, ›loyal‹!

Dass die Ballade noch ein drittes Rätsel enthält, fällt mir erst viel später auf. Adrian und Ben, beide mit gebrochenem Finger bzw. verstauchtem Daumen, daher zum Schreiben nicht zu gebrauchen, werden draußen im Flur auf das Problem angesetzt.

»Und kaum das grause?«, fragt Ben.

»Lies mal weiter.«

Und kaum das grause Wort verklang,
Dem König ward's heimlich im Busen bang.

Das gellende Lachen verstummte zumal;
Es wurde leichenstill im Saal.

Da hätten wir's. Angst und Entsetzen schon vor dem Menete-
kel. Belsazar, das schlotternde Monster, erkennt sich und wird
erkannt. Bevor sich seine Knechte selbst zu Monstern machen
lassen, bringen sie ihn lieber um. So bei Heine, so unter uns
dreien auf dem Flur, so zwei Wochen später im Übungsdiktat.

So aber nicht in der Bibel! Hier sind die Knechte ›tausend
Gewaltige‹ (Daniel 5), das macht die Sache politisch. Daniel
taucht auf, macht seinen Spruch (›gewogen, zu leicht gefunden‹). Die Meder und Perser kommen ins Spiel; auch unter
ihnen könnten die Vollstrecker zu suchen sein: Kampfhand-
lung statt Mord?
Die erste Arbeitsstundenaufgabe in diesem Schuljahr (und
das ist nichts Geringes, denn wir erproben im Jahrgang ein
neues Modell mit fünf AS-Stunden bei wochenweiser Aufgabenstellung) – die erste dieser Aufgaben also war, die Ballade
auf die linke Seite einer Doppelseite zu schreiben und die ent-
sprechenden Bibelzitate rechts daneben. Keine leichte Sache;
denn das meiste fällt unter den Tisch: die Weiber und Kebs-
weiber, Daniel, Nebudkadnezar.
»Nebudkadnezar, hört zu, ist interessanter, als wir ihn bisher
kennen, Vater von Belsazar, Zerstörer des Tempels, Becherräu-
ber. Er ist auch Erbauer des Ischtar-Tores. Schaut mal!«
Goldene Löwen auf blauen Grund. Glasierter Ziegelstein.
Pergamonmuseum. Gigantisch. Ich habe vor Tagen die kilo-
schwere ›Illustrierte Geschichte der Menschheit‹ angeschleppt.

Liegt jetzt auf dem Lehrertisch. Ach, das Wichtigste ist doch die Motivation. Hab wieder viel gelernt im Unterricht!

Freitag, den 24. August

Ist es mit tatsächlich einmal gelungen! Einen Schüler beim Wegwerfen von Papier zu beobachten. Jahrzehntelang schreitet man durch unsere zugemüllte Schule (die seit Neuestem, ich fasse es nicht, ich schäme mich, den Titel Umweltprojektschule führt), aber dass man einmal auch nur einen einzigen Schüler in flagranti erwischt – Fehlanzeige! Allenfalls sieht man, in hundert Meter Entfernung, eine Trinkflasche fliegen, oder aus einem Pulk unbekannter Achtklässler ein Kaugummipapier zu Boden gehen; unverwertbar beides.

Vergleichsweise häufig trägt sich sogar das genaue Gegenteil zu: Du siehst einen Trupp offensichtlicher Umweltsünder ihre Chipstüten leeren; du wartest ab, was passieren wird. Und du musst mit ansehen, wie sie geradezu einen Umweg machen, um ihren Abfall locker in einen dafür vorgesehenen Behälter zu werfen.

Woher kommt also der ganze Müll? Wer wirft ihn wie raffiniert unter dem geschärften Auge der Pausenaufsicht weg? Die Antwort ist: niemand. Der meiste Müll wird gar nicht weggeworfen, sondern bleibt schlicht und einfach liegen (der kleine Rest folgt körpernah, fast unsichtbar der Schwerkraft).

Typisches Szenario: Schüler sitzen an ihren Pausentischen oder lagern aufgereiht in den Ecken vor ihren Klassenräumen. Dann geht der erste Gong, mit ihm der Aufsicht führende Lehrer; die Schüler greifen ihre Rucksäcke, bequemen sich in den Unterricht. Leider bequemt sich der Müll nicht in die gelben Säcke, Flaschencontainer, Restmüllbehälter.

Ähnlich in der Mensa. Tabletts werden nach beendeter

Mahlzeit mit Teller und Besteck brav zurückgebracht; Müll bleibt liegen. Was tun?

Schüler ansprechen. »Wenn es gleich gongt, was geschieht dann mit eurem Müll?«

»Den bringen wir weg.«

»Auch die Frittenpappe da unterm Tisch?«

»Die auch.« Das ist der bessere Fall.

»Das ist nicht unsere. Die lag schon da.« Der häufigere Fall. Was jetzt?

»Dann gib sie mir mal. Ich entsorge sie.«

So zwingt man Schülern seinen Willen auf. Doppelerniedrigung. Der eine krümmt das Rückgrat, der andere muss sehen, dass er keine Ketchupfinger kriegt. Her mit dem Ding!

»Und den Rest?« Meist ist es mit dem einen Papptellerchen ja nicht getan.

»Den Rest machen wir.« Man spürt, sie wollen einen loswerden.

»Versprochen?«

Hoch und heilig. Die Gedanken sind natürlich frei, und man ahnt, dass die Schüler reichlich Gebrauch davon machen werden.

Überprüft man in solchen Fällen das Schülerversprechen? Cooler wäre es, einfach vertrauensvoll abzudrehen. Aber ich muss sagen, ich drücke mich lieber bis zum Gong in der Nähe herum, um im Zweifelsfall aufmunternde Blicke zu werfen.

Heute aber, wie gesagt, war alles anders. Ich sitze mit Lisette Kunka heimfahrtbereit im Mercedes und sehe lange vorm Vorglühen einen von drei Schülern, die offensichtlich von Aldi den Parkplatzweg entlangkommen, als sie gut zwanzig Schritt an uns vorbei sind, seinen Trinkjoghurtdeckel in hohem Bogen ins Gebüsch werfen.

»Bin gleich zurück.«

Ich geh-sprinte hinterher, hole sie am Brunnen ein.

»Weißt du, warum ich euch gefolgt bin?«

»Nein.«

»Weil du den Deckel von deinem Joghurt«, ich zeige punktgenau auf den Tatort, »dort ins Gebüsch geschmissen hast.«

»Und da soll ich ihn jetzt rausholen.«

»Genau.« Weg ist er, 10. oder 11. Klasse.

»Bravo«, höre ich von Hans-Georg Gramulla, der mit leichter Verspätung die Freitreppe runterkommt, Fahrgemeinschaftsmitglied, Freund und Müllentsorgungsobmann der Schule.

Ein schöner Tag!

Donnerstag, den 30. August

Klagen über Klagen! Ich habe mich tagtäglich mit Yvonne Ehrenstadt rumzuärgern, die nicht schreibt, wie sie soll, nämlich in blauer Tinte, die nicht spricht, wie sie soll, nämlich laut und verständlich und von oberhalb der Tischkante, die nicht sitzt, wo sie soll, nämlich auf ihrer Seite der Doppelbank in verträglichem Abstand zu den Nachbarinnen, und die eigentlich erst verstanden wird, wenn sie ihre patzigen Widerworte abschießt.

»Ich habe vielleicht gar nichts gesagt!«

»Das weiß ich. Du kommunizierst ja mittlerweile in Zeichensprache. Unterlass das bitte.«

»Das stört doch niemanden!«

»Ich sage, unterlass das. Und setz dich dahin, wo ich dir gesagt habe.«

»Da sitz ich doch!«

Berni Goedecke beklagt sich über die andere Yvonne, Schmitt, mit ihren Frechheiten und Minderleistungen, und gestern über Jennifer, die inzwischen »gar nichts mehr schnallt«.

Jennifer und Kerstin wiederum beklagen sich über Kevin,

weil der nervt und sich vor ihren Augen eine Nadel in den Daumen jagt und sie schubst.

»Was sagst du dazu, Kevin?«

»Kerstin simst mich ständig auf dem Handy an und stört den Unterricht«, antwortet Kevin mit unschuldigem Grinsen.

»Nehmt euch zusammen, alle mit einander, besonders du, Kevin«, sage ich. »Und vor allem vergesst das Sprichwort nicht – wie heißt es gleich? – ›Was sich neckt …‹«

»Pöhh!«

Kerstin ist gestern mit ihren Klagen und mit Jennifer im Schlepptau sogar bis ins Lehrerzimmer vorgedrungen. Diane habe behauptet, sie habe ihre Läuse (jawohl, Läuse, zum dritten Mal!) von ihr, Kerstin.

Das ist ein starkes Stück. Diane ihrerseits (»Komm doch mal raus in den Flur, Diane«) wird auf etwas verquere Weise giftig und will wissen, wer so etwas behauptet hat.

»Na, die Jungs, René, was weiß ich?«

Diane, nunmehr Opfer, entrüstet sich, hat nie so etwas gesagt, würde nie so etwas sagen, Beleidigung, Verleumdung, ich glaube, ich spinne. Umgekehrt ist Kerstin längst zum Einlenken bereit und hört, schon halb wieder in der Klasse, gottlob nicht, was ich noch glaube gehört zu haben:

»Wenn ich sie nicht von ihr habe, O.K., dann hätte ich sie aber gut von ihr haben können. Jetzt sind sie eh weg. Also, was soll's?«

Als ich in der zweiten großen Pause auf dem spätsommerlich besonnten Brunnenplatz meine Aufsicht mache, kommt eine ganze Abordnung meiner Lieben (von M-Z) und klagt über Herrn Marx.

»Nie fällt der aus! Die andere Gruppe hat immer frei, das war schon bei Herrn Gärtner so, und wir nie!«

»Ich bringe es vor die Schulleitung«, verspreche ich.

Was schalkhaft klingen sollte, ist doch mein ganzer Ernst. Mit dem ersten Gong bin ich im Stundenplanerzimmer, wo Sebastian Weißenfels mit FP und Rölle konferiert. So viel Schulleitung hätte es nicht sein brauchen, denke ich, als ich brav meine Zeit abwarte. Aber die Chefin »will die Herren nicht von der Arbeit abhalten« und macht sich auf den Dienstweg.

»Was kann ich für dich tun?« Sebastian, aufgeräumt, will eigentlich sagen: Ich habe zwar viel zu tun, aber dir mit deinem wahrscheinlich kleinen Problem kann zwischendurch geholfen werden.

»Ein Teil meiner Klasse, die AWT-Gruppe von Herrn Marx, beschwert sich, dass ihr Unterricht nie ausfällt.«

Sebastian schaut mich verständnislos an. Kein wissendes Lächeln, nicht die Andeutung, wie vielleicht bei Rölle, der sich zwischenzeitlich verabschiedet hat, eines Zungenschnalzens.

»Die Beschwerde ist vor dem Hintergrund zu sehen«, muss ich nun erläutern, mich geradezu entschuldigen, »dass in der Parallelgruppe, ehemals Gärtner , du weißt schon, der Unterricht …« Ich rede jetzt undeutlich, um keinem Kollegen bezüglich der Wahrnehmung seiner Dienstpflichten oder auch nur der Schulleitung in ihrer Beurlaubungspraxis zu nahe zu treten.

»Dr. Niethammer fehlt morgen wegen einer Weisheitszahnoperation.« Sebastians kühlem Ton entnehme ich, dass er mir gegenüber zu keiner Auskunft verpflichtet ist.

Das große Tagesthema heißt inzwischen nicht mehr ›Klagen über Klagen‹, sondern ›Beurlaubungen über Beurlaubungen‹. Bereits um 7.30 Uhr vom Fahrersitz seines Ferienmobils berichtet Christian Eickbaum vom letzten Dienstag, den er sich für eine Fahrt nach Fehmarn freigenommen hat.

»Windstärke 7, in Böen 8!« und das in der Fahrtenwoche, wo durch drei abwesende Klassen sowieso reichlich Freiräume entstehen, da gab's auch für den vorbildlichen Beamten und Powersurfer kein Halten, und für den Vertretungsplaner Sebastian keine Einwände. Zwei Minusstunden in die Kartei! ›Freischaufeln‹ heißt das im Jargon.

»Das braucht man zwischendurch«, sagt Christian und unterstreicht das mit weggeworfener, gabelbaumgehärteter Hand – eine Geste, die die Fahrgemeinschaft eher im Zusammenhang fallender Börsenkurse, steigender Überstundenzahlen oder gleichbleibender Temperaturen im Wein-Coolator kennt.

Eckhard Schöller, Beispiel zwei. »Wo ist Eckhard? Krank?«
»Er hat einen Tag freigenommen. Ein Kind stark erkältet. Oder er selber. Morgen ist er wieder da.« So viel weiß Anita.
»Und Reini?«
»Die ist doch nach Lyon gefahren, die Tochter wegbringen.«

In der Mittagpause packt Anita ihre Sachen. »Ich hänge den Nachmittag ab«, sagt sie. Sie braucht eine Auszeit. Hat vorgearbeitet, wird nacharbeiten, kann Überstunden abbummeln. Eins von den dreien ist es.

»Tschüß, Anita.«
Ich packe derweil meine Sachen für die Doppelstunde Latein. Die schreckt mich nicht. Karteikartenpäckchen, Kästen, Kleber, dazu die 16 Blätter mit den aufgedruckten Vokabeltickets (venire, venio, veni, ventum, Unterzeile kursiv für das Dictum: *Veni, vidi, vici*). Programm heute: Lehrbuchübersetzung hin und rück, Konjugationstabelle (clamo, clamas, clamat, clamamus, clamatis, clamant), dann Kärtchen kleben. Alles Dinge, auf die man sich nur freuen kann. Der Eifer der neuen Gruppe, das unverbrauchte Fach! Und definitely kein Hitzefrei!

Auf der Heimfahrt unterrichtet mich Helge, dass ich morgen nicht mit ihm zurückfahren kann, da er sich freigenommen hat. Das schöne Wort Arbeitsplatzzufriedenheit fällt.

Ich frage mich, ob dies ein ganz normaler Donnerstag ist. Oder ob es sich vielleicht um die Verkettung von ganz und gar außergewöhnlichen, ganz und gar unglücklichen Umständen handelt, in die ich mich gar nicht weiter kritisch zu verstricken brauche.

Mittwoch, den 5. September

Ab und an, wenn es mich ins Haus C verschlägt, treffe ich meine verflossenen Lateinschülerinnen und -schüler. Bittere Begegnungen meist, denn auf meine Frage »Wie geht's euch so?« kommt durchweg ein uneingeschränktes, nuancenfreies »Gut«.

»Und in Latein?«

»Auch gut.«

Details erfrage ich nicht. Von Hennes war herauszuhören, dass sie unsere letzten Lektionen von Ostia II noch einmal von vorne begonnen haben. Von Hanne, dass sie dreimal flotter vorankommen.

»Na, und witziger ist es bei Doc Aribert ja sowieso.« Das war ich.

Nicken auf der ganzen Linie. In Hannes Augen je ein Kleinsttriumph.

Delia und Désirée äußern sich ähnlich. Lars desgleichen. »Cool.« »Prima.« »Voll in Ordnung!« Sogar Sinja, die Klassenerste, Lehrerkind, keiner Fehleinschätzung oder Fehlinformation verdächtig, äußert sich positiv. Schöner Mist!

Wie komme ich auch dazu anzunehmen, es müsse mit dem Lateinkurs den Bach runtergehen? Unbestreitbar ist Doc Aribert unterhaltsamer, beschlagener, lockerer. Von seiner Bildung, seinem schier unerschöpflichen Wissen will ich gar nicht reden.

Meine bisher gültige Information über Doc Ariberts Unterricht ist ohnehin mindestens fünf Jahre alt. Damals gab es Klagen, dass nichts, aber auch gar nichts beigebracht, aber alles verlangt werde, – verbunden mit Bemerkungen über Niveau und wer wo nicht hingehört. Spontanes Notopfer an einige betroffene Schüler aus meinem damaligen Englisch-A-Kurs war ein Mon-Chérie-Kasten Vokabelkärtchen; ich habe ihn hoffentlich zurückerhalten.

Soweit meine kollegialen Mutmaßungen und Diffamierungen.

Einziger Lichtblick in Sachen Latein: Liz. Zweimal gesehen, viermal gelächelt.

Freitag, den 14. September

›Stirb, du Bitch, und komm nie wieder. Verpiss dich. Mit freundlichen Grüßen, Kerstin.‹ Diese SMS hat Victoria auf ihrem Handy empfangen.

»Wortwörtlich, Herr Bauer. Das müssen Sie mir glauben. Ich bin entsetzt.« So Frau Zeuner gestern Abend am Telefon. Natürlich glaube ich ihr, und natürlich bin genauso entsetzt. Kerstin Neumann!

»Ich werde alles tun, um die Hintergründe aufzuklären«, verspreche ich. Gespräche mit den Betroffenen führen, den Eltern, wenn nötig der Klasse, Konflikt aufarbeiten. Vor allem Kerstin zur Räson bringen.

Frau Zeuner ist »ja weiß Gott einiges gewohnt. Auch von der eigenen Tochter. Aber was zu weit geht, geht zu weit!« Verrohung der jungen Generation, das ist das Wort. Ichbezogenheit. Hemmungsloses Ausleben der eigenen Gefühlswelt.

»Woher haben sie das bloß? Doch nicht von uns!«, fragen wir gegenseitig. »Nie hätten wir uns das getraut.«

In der Tat, dafür wären wir von der Schule geflogen. Wir einigen uns, dass es ein ›gesamtgesellschaftliches Phänomen‹ ist, da können Eltern und Lehrer vorleben, was sie wollen. Materialismus, Wohlstand, Medienkonsum, Gefühlsabstumpfung.

»Unsereiner musste teilen, helfen, in der Küche, im Garten, Rücksicht nehmen. Da war ein ganz anderes Ethos.«

»Die junge Generation will alles, kriegt alles, hat alles. Daraus leiten sie ab, dass sie auch alles dürfen.«

Einigkeit, halbstundenlang. Nur in einem Punkt könnte ich, tue ich aber nicht, Frau Zeuner widersprechen.

»Warum die Mädchen auf Victoria herumhacken – das ist Neid. Victoria ist vielleicht schon ein bisschen weiter. Sie zieht sich modisch an; wir ermöglichen ihr das. Und da können andere nicht unbedingt mit.«

Dazu muss man Victoria kennen. Schnell gewachsen. Egal, wie weit sie entwickelt ist, – sie wirkt dürr. Langes, schmales Gesicht, tief liegende, schwarz umschminkte Augen. Kleidung: Grundfarbe Schwarz, keinesfalls teuer wirkend. Vielleicht cool. Hundertprozentig selbst ausgesucht. Kann das Neid erregen?

»Verbleiben wir so, Frau Zeuner.«

Heute, Freitag, in ihrer Mathestunde, meiner Freistunde, hole ich Kerstin zu einem Gespräch heraus, konfrontiere sie mit dem Vorwurf.

»Was sagst du dazu?«

Gar nichts. Kerstin reglos.

Ich zitiere die SMS. Keine Reaktion.

»Hast du das geschrieben?«

»Nein.«

»Es ist von deinem Handy abgesandt.«

»Das hat ein Freund von mir gemacht.«

»Wie das?«

Dem Freund hat Kerstin erzählt, na ja, dass sie Victoria »nicht so richtig abkann«. Ihr Handy gibt sie ihm öfter mal, weil er keins hat, und so ist das gekommen.

»Du hast nichts davon gewusst?«

»Vorher nicht.«

»Und hinterher? Deine Reaktion?«

Schweigen.

»Du musst doch irgendwie reagiert haben!«

»Ja, soll ich etwa gleich eine SMS hinterherschicken, dass es mir leid tut?!« Wo sich Victoria selbst immer so »scheiße« verhält!

Das wäre das Beste gewesen, sage ich. Kerstin zuckt allenfalls die Schultern. Also gebe ich ihr meine Einschätzung: dass ihre Erklärung die Sache keineswegs besser macht. Im Gegenteil. Andere die Dreckarbeit machen lassen, selber die Unschuldige spielen, das ist doppelt niederträchtig.

»Was kann ich denn dafür, wenn er das schreibt?!«

Ich glaube ihr nicht. Aber ich sage: »Dann musst du dir deine Freunde besser aussuchen.«

Ein kurzes Blitzen in Kerstins von unten sich hoch quälenden Augen.

»Und jetzt zu Victoria. Du hast gesagt, sie verhält sich mies. Was meinst du damit?«

»Mies halt.« Genaueres ist nicht herauszukriegen. Ihr gegenüber, der Klasse gegenüber? Schweigen. Es geht nicht vor und nicht zurück. Peinliche Stille.

»Geh erst mal wieder in den Unterricht. Wir sprechen uns noch.«

Bei allem Frust über so viel Misserfolg bin ich dennoch froh, das Gespräch nicht auf die übliche Entschuldigung hinauslaufen gelassen zu haben. Handschlag, murmel, murmel, und gut ist. Ich hasse das.

Vielleicht ist die Mutter einsichtiger. Gleich nach Mittag rufe ich sie an. Will's hinter mich bringen. Aber ich treffe nur Kerstin an, die Mutter ist bei der Arbeit. Also gegen Abend.

Frau Neumann ist schon eingeweiht, Gott sei Dank. Dennoch lese ich ihr den Wortlaut der SMS vor. Betroffenheit. Hilflosigkeit. Kooperationsbereitschaft.

»Sprechen Sie mit Kerstin. Was ich ihr nicht beibringen konnte, das müssen Sie ihr beibringen.«

Und natürlich Handyverbot, sagt Frau Neumann. Es ist das einzige, was überhaupt noch wirkt; denn sie kann sie ja nicht einsperren.

Ich nicke telefonisch. Das Strafmaß (einen Tag, eine Woche, bis zu den Herbstferien?) erfrage ich nicht.

»Und sie will sich entschuldigen. Wieder per SMS.«

»Besser als gar nicht«, sage ich.

Aber zehn Minuten später, am Abendbrottisch, will mir das nicht mehr gefallen. Noch mal angerufen.

»Kerstin soll ihr die SMS schicken. Sich erst mal entschuldigen, aber mit dem Nachsatz: Alles Weitere Montag. – Und, Frau Neumann, wie wär's, wenn Sie Victorias Mutter anriefen?«

Ein Seufzer am anderen Ende.

Donnerstag, den 20. September

Reichlich Gespräche hat's gegeben. Dasjenige von Mutter zu Mutter wird noch das ersprießlichste gewesen sein. Das Gespräch zwischen Kerstin und Victoria (»Na ja«) hat immerhin stattgefunden. Bleibt das Gespräch des Lehrers mit seiner Klasse.

Für Mittwoch geplant, ist es doch erst heute, Donnerstag, dazu gekommen, noch dazu strafverschoben (»aber das habt ihr euch selber zuzuschreiben«) in der Mittagpause.

»Dann haben wir ja zwei Stunden Tut!«

»Ich kann's nicht ändern.«

Ein anderer Grund kommt hinzu. Ich schulde der Klasse noch ein Eis. Als Sportsmann am Lehrerpult habe ich neulich, als es um einige Adjektive in ›Belsazar‹ ging, kess behauptet, die stünden in keinem Duden, ›störrig‹ z. B., nie und nimmer!

Hätte es mir nicht zu denken geben sollen, dass Diane das Wort ›störrig‹ dutzendfach gehört hat, nein, sie verwechselt es nicht mit ›störrisch‹; auch die ganze Klasse kennt es bestens.

»Trotzdem werdet ihr es nicht im Duden finden!«

Die Wette liegt in der Luft. Jawohl, ein Eis für jeden. Yvonne Ehrenstadt ist schon am Blättern.

»Störrig«, verkündet sie, »selten für störrisch.«

»Das ist die Rechtschreibreform!«, rufe ich aus reinem Spieltrieb; ich will die Niederlage auskosten. Johlendes Protestgeschrei.

»Ihr meint also wirklich, ihr habt die Wette gewonnen?!«

Das meinen sie. Nun gut, am Donnerstag liegt das Gebinde Aldi-Eis rechts auf dem Lehrertisch; ich sitze Paula-Ohlsen-mäßig auf dem linken Ende.

»Wir haben ein ernstes Thema«, sage ich. Gedankenpause.

»Es geht um den Umgangston bei uns in der Klasse.«

»Herr Bauer, die Eise schmelzen.«

»Die Art, wie ihr miteinander umgeht.«

»Wie gehen wir denn miteinander um?«, fragt Yvonne Schmitt.

»Da gibt es zweierlei. Erstens, was mir in den letzten Tagen zu Ohren gekommen ist: eine böse Auseinandersetzung zwischen zweien von euch«, ich blicke bedeutungsvoll diagonal durch die Klasse, Victoria vorn rechts, Kerstin hinten links sitzend, »ich nehme an, ihr wisst Bescheid. Und wisst, dass sich so etwas nie wiederholen darf.«

Stille.

»Zweitens das, was ich täglich im Unterricht und in den Pausen höre.«

Bist du scheiße? Arschloch! Nutte!

Die ›Nutte‹ habe ich aus dritter Hand von Frau Zeuner. Das ›Arschloch‹ hat Yvonne Ehrenstadt unlängst im Zehn-vor-vier-Strudel, in unklarem Gemenge vor der noch ungeöffneten Klassentür wie einen Tritt vor wessen Schienbein auch immer losgelassen. Und das (fast hätte ich gesagt, herrlich) brutale ›Bist du scheiße‹, das muss ich an unserer Schule, in unserer Klasse nicht eigens belegen.

Ich führe aus, dass dieser Umgangston nicht an die Schule gehört, dass er menschenverachtend ist und, wenn wir nicht aufpassen, schnell die Konflikte beherrschen, ja sogar herbeiführen kann, die wir alle vermeiden wollen.

»Herr Bauer, wir meinen das nicht so.«

»So spricht man heutzutage.«

»Unsere Nachbarklasse, die von Herrn Schwedhardt, die müssen Sie mal hören. ›Mach Platz, du fette Sau‹, hat der eine neulich gesagt. Nicht zu mir. Aber könnte er ruhig. Kriegt er gleich ein Spruch wieder. Selber fette Sau.«

»Aber genau das meine ich! Ich finde das scheußlich!«

»Ist es auch, aber nicht für uns. Ich kann das meiner besten Freundin sagen und wir verstehen uns trotzdem.«

Ich springe vom Lehrertisch. »Wer ist deine beste Freundin?« Ich will es wissen.

»Lydi.« (Ich glaube, es war Lydi, für mich Lydia.)

»Lydi«, zwinge ich mich zu sagen, »wenn du von deiner besten Freundin hörst: ›Mach Platz, du fette Sau‹, das macht dir nichts?!«

Nein, es macht Lydi nichts. Der Zufall will es, dass Lydi gertenschlank ist.

Kevin meldet sich. Er denkt genauso. »Zum Beispiel Michael und ich. Und Michael ist mein bester Freund. Wenn Michael mir voll in die Nüsse tritt, dann finde ich das zwar nicht besonders toll, aber …«

»Ich glaube, Kevin, dass uns dein Beispiel nicht weiterbringt.«
Kevins Anerkennung heischendes Lächeln erstirbt.

Ich komme mit einem weiteren Punkt. Unterrichtskommentare.

»Angenommen, es soll gelesen werden, Nils kommt dran oder Hannes oder sonst jemand, und er findet die Zeile nicht. Was passiert dann?«

Nichts.

»Ich will euch sagen, was passiert. Irgendjemand macht eine abfällige Bemerkung. Dass Hannes den Laden aufhält. Typisch Nils! Mann, Kevin! Das finde ich unerträglich.« Das Gehässige, das Scheinheilige, das Schleimerische, hören sie das heraus?

»Ja, klar, Herr Bauer, alle machen wir das. Jedes Mal!« Ich ignoriere die Ironie.

»Es reicht, wenn es drei sind. Oder nur einer. Zum Beispiel, wenn ich Wordtickets abfrage, wie neulich, und jemand hat seine Mappe aufgeschlagen. Da zerreißt ihr euch doch förmlich das Maul, dass da wer abguckt, und entrüstet euch, als wäre es ein Staatsverbrechen. Keiner schöner Zug!«

»Wir zerreißen uns gar nicht das Maul. Weil wir kein Maul haben.«

»'Tschuldigung. Das sagt man so.«

»Sie sagen das so!«

»Ja, wollt ihr jetzt pingelig werden?!«

Mir reicht's allmählich. Als Michael sich meldet, ahne ich Fürchterliches. Und tatsächlich, Michael will noch mal auf Kevins Beitrag zu sprechen kommen, mal ehrlich, wenn Kevin ihn freundschaftlich in die Nüsse tritt ...

»Jetzt lasst mich mit euren behämmerten Beispielen in Ruhe!« Ich raste aus, und weiß mitten im Ausrasten, das Wort ›behämmert‹ werden sie mir nicht durchgehen lassen.

»Schluss jetzt!«, sage ich. »Ich mache Pause. Tut-Stunde ist zu Ende. Nehmt euch jeder ein Eis, falls euch noch danach ist. Und untersteht euch, irgendwelchen Müll zu hinterlassen!«

Als ich im Lehrerzimmer sitze, den Kopf fest bei den Schläfen gepackt, mogelt sich Nils, Vorhut von drei, vier Jungs, zur Tür herein.

»Herr Bauer, da sind noch fünf Eise über. Dürfen wir uns die nehmen?«

Kindsköppe, denke ich.

»Die dürft ihr holen und dort ins Kühlfach legen. Ab mit euch!«

Der Gerechtigkeit halber erinnere ich mich jetzt, dass das Aldi-Eis, appetitlich, wie es bis zu meinem Abgang offenbar noch war, gar nicht von Anfang an auf dem Lehrertisch gelegen haben kann. Vielmehr hatte ich Florian und Helfer erst mit Stundenbeginn zu Aldi geschickt. Sie müssen also, mit Ware, Bon, Restgeld und dem Lächeln dreier Honigkuchenpferde (das sagt man so) mitten in unser Gespräch geplatzt sein.

Denn das Pädagogenmonster, das vor den Augen seiner Schüler eine Runde Eis zu Schanden schmelzen lässt, bin ich denn doch nicht.

Montag, den 24. September

Montag: Gesamtkonferenztag. Zugleich mein freier Tag. In puncto Konferenzen zählt keine Altersteilzeit, da hat man anzureisen. Also Zähne zusammengebissen, Gas gegeben, fünf nach vier im Hörsaal eingelaufen. Beim Tagesordnungspunkt 3 die LZKs[8] beiseite gelegt: Es steht die Vorstellung der Bewerber für die Fachbereichsleitungen Mathematik, Musik/Kunst und Gesellschaftslehre an.

In Mathe und Gesellschaft ist der Fall klar. Gabriele Baur,

einzige Kandidatin, uneingedenk vergangener Hör- und Reitstürze, gibt eine schwungvolle, ideenreiche, aber, wie ich erfahre, besonders für Nicht-Gesellschaftslehrer eindrucksvolle Vorstellung; sie wird kaum Gegenstimmen erhalten.

Für Mathematik gab es ursprünglich drei Bewerbungen: Ludger Düchtig (der jetzt betont flott, betont professionell die Konferenz leitet, also zurückgezogen hat), Ulrich Mauritz mit einem sicheren Polster der Fachkonferenzempfehlung im Rücken, schließlich Außenbewerberin Moni Loss (mit der ich bei Anitas Geburtstagsfeier im Flechtorfer Hof der Sonscheins ein zünftiges Bier – »Ich heiße Ottmar« – getrunken und mich über eben ihre mögliche Bewerbung sehr abwägend unterhalten habe). Gerade stellt Frau Loss sich vor. Man spürt, dass sie sich wenige Chancen ausrechnet, hat ja schon die Mathefachkonferenz hinter sich, dennoch will sie nicht aufgeben, sagt das Nötige in den gebotenen Formulierungen und erfreut sich unmerklich, aber ich spüre es, der massiven Unterstützung unserer kleinen Frauenriege, Anita, Hella, Cordula Leppa.

Bei den Kandidaten Ulrich und Ludger hatte man im Vorfeld allenthalben zu bedauern, dass sich die gewaltigen Extreme, die sie jeweils vertreten, nicht in einem einzigen Bewerber vereinen. Ludger, der geniale Theoretiker, Grundkursleiter Philosophie, Wittgensteinverehrer, den Umbrüchen in der Gesamtschulmathematik entgegen eilender Chefdidaktiker. Ulrich, der brave Rechner, der Leise, der Organisationsgeist mit der makellosen Schrift, im Drittfach Lehrer für katholische Religion, sich eher versenkend als intellektuell versteigend. Also Hyperbel vs. Parallele. Hätte da nicht die Loss'sche, die ewigweibliche Sinuskurve am Ende eine reelle Chance?

Nun hat Ludger ja schmollend zurückgezogen und bringt das voyeuristische Kollegium um eine dritte Vorstellung. Aber als Kollege gibt er vom Vorstandstisch aus eine fachliche Empfehlung: Die revolutionären Veränderungen, die auf das Fach

Mathematik zukommen, so sagt er, erfordern Beharrungsvermögen und Kontinuität, die nur ein Hausbewerber, Ulrich Mauritz, bieten könne.

Das verstehe, wer will! Das wird nach hinten losgehen! Das wird das Votum (in der Konferenzpause, mit vorbereiteten Wahlzetteln) massiv beeinflussen! Aber wie?

Vorher sind die beiden Musischkulturellen dran. Hier ist nichts klar. Hausbewerber beide, verdiente dazu, Freunde. Jost Siedhoff und Ulrich Steinweg. Wenn unsere Schule ein Aushängeschild hat, dann ist es die Musik, von Jazz bis Pop, und die beiden halten es hoch. Dem Alphabet folgend stellt sich Jost Siedhoff als Erster vor, locker, ohne ehrgeiziges Programm, wippt angedeutet im Bluesrhythmus.

Ulrich Steinweg, aufgeregter als bei seinen sonstigen, perfekten Shows (Gesang, Gitarre), kommt mit Küchenmixer zum Podium bzw. dem podiumsbeherrschenden, jahrelang zweckentfremdeten säure- und laugenfesten Experimentiertisch, und verhackstückt Kunst und Musik zu einem bunten Sammelsurium (»Das kann's ja wohl nicht sein!«); später zaubert er Themenzettel von irgendwoher, säht sie in den Chemikalienausguss und zieht am Ende Blätter mit astreinen Projektthemen hervor. Nichts was man auf Anhieb verstehen muss, nichts wofür ich meine Stimme ohne Weiteres hergebe. Eher noch werde ich mich an seine Unterstützung meiner lang zurückliegenden Gesangsdarbietung vor dem Kollegium (›We Didn't Start the Fire – Deswegen diese Feier‹) anlässlich unseres 25-jährigen Bestehens erinnern. Aber auch Jost hat mir damals, wenn es kritisch wurde, d. h. zu hoch, zu tief, zu schnell, mit sicherem Bass zur Seite gestanden. Also Enthaltung meinerseits – womit ich dem Beispiel der Fachkonferenz Musik/Kunst folge.

Während des nächsten großen Tagesordnungspunktes (Antrag Angang auf ›Bildung eines Temporärausschusses‹ zur vorbereitenden Klärung aktuell anfallender schulischer Grundsatzprobleme) huscht die Chefin an die riesige Schiebetafel; die Voten der Gesamtkonferenz erhalten Gabriele Baur, Moni Loss, Ulrich Steinweg. Die Sensation, von keinem kollektiven Seufzer begleitet, ist Ulrich Mauritz' Niederlage. Den großen Ludger geschlagen, die freche Außenkandidatin (mit 8:2 Fachbereichsvotum) schon in die Schranken gewiesen, die Abstimmungsgepflogenheiten eines Dritteljahrhunderts auf seiner Seite wissend, dazu dreißig makellose, strebsame Dienstjahre, fünfzig Lebensjahre, Frau und heranwachsende, studierwillige Kinder – und jetzt das! Die verschluchzte Umarmung vorm gedeckten Abendbrottisch im Eigenheim in Lehre möchte ich nicht bezeugen müssen, den Blick ins Getränkefach des Mauritzschen Kühlschrank nicht wagen!

Natürlich denkt alles an Ludgers abschließenden Aufruf. Verhängnisvoller Fehler, sagen die Schlauen. Berechnung, die Wissenden; denn mitnichten habe Ludger das kleinere Übel angestrebt, sondern ›exakt die Fachbereichsleitung, – so ein umhergeisterndes Zitat – die das Mathekollegium dieser Schule verdient‹. Kein Wort davon mag ich glauben. Es reicht mal gerade dazu, hier tagebuchlich verbreitet zu werden. Denn das hieße, aus der letztverbleibenden Siegerin würde gleichfalls eine Gedemütigte und aus Ludger ein Fall für den Lehrerkarzer oder die Kollegencouch, ersatzweise umgehende Wegbewerbung.

Von den Fremddesastern zu den eigenen. Als ich Ulrich Angang den gerade beantragten Temporärausschuss begründen höre, da will ich lange meinen Ohren nicht trauen: soll Funktionen der Didaktischen Konferenz übernehmen, soll von der Gesamtkonferenz bei Bedarf (!) gebildet, paritätisch zusammengesetzt werden usw. usw.

Ja, sind denn alle Probleme gelöst?! Hat sich die ›Didaktische Konferenz‹, Edelorgan an unserer Schule, Nachfolgerin des legendären ›Ausschusses für Grundsatzfragen‹, überflüssig gemacht? Des Gremiums, in dem in der Frühzeit unter Leitung von Begründer und Chefplaner der IGS[9], Ulrich Karsch, die hehrsten Ziele der Gesamtschule formuliert wurden? Des Ausschusses, dem anzugehören ich selbst ein Jahr lang die Ehre hatte, u. a. als Verfasser der noch heute von delinquenten Schülern so ungern abgeschriebenen Präambel zur Schulordnung (›Wir wollen einander achten, wollen Andersartigkeit respektieren, Schwächeren helfen, gemeinsam entscheiden, unsere Umwelt schützen … Wir wollen etwas lernen‹).

»Wie kann, was sich dreißig Jahre lang bewährt hat, plötzlich nicht mehr taugen?«, frage ich also die Konferenz. Ulrich lässt meine betonschwere Argumentation genüsslich in den vor ihm sitzenden Lehrkörper sinken und sagt dann: »Du warst lange nicht in unseren Sitzungen dabei.«

Sonst wüsste ich es: Die didaktische Konferenz ist nicht mehr arbeitsfähig, es gibt keine freiwilligen Mitglieder, es gibt kein Programm. Also erst ewig gestrig, dann auch noch keine Ahnung!

»Können wir also den Laden dichtmachen?«, möchte ich fragen, aber ich winde mich nur in der Bank und halte die Klappe.

Das Grundsätzliche ist ohnehin nicht sonderlich gefragt von unserem Kollegium, das doch entschlossen scheint, »neue Wege zu gehen«, »tragfähige Strukturen zu suchen«. Interessanter, umkämpfter sind solche Fragen wie die zahlenmäßige Elternbeteiligung, die kritische Größe eines Ausschusses, die Unterrichtsentlastung für die Mitglieder (»denn was nicht passieren darf, ist dass dieses Vorhaben unter dem Deckmäntelchen von Fortschritt und Funktionalität auf dem Rücken von uns Lehrern ausgetragen wird«).

Während es so hin und her geht, fallen mir noch eine Handvoll jetzt aber wirklich guter Argumente ein, weswegen ich mich kurz vor Schluss der Rednerliste, ich Glückspilz, ein zweites Mal zu Wort melde. Mir liegt am Herzen die verfassungsmäßige Zuständigkeit des Ausschusses, der sich nicht einfach aus der Verantwortung für unsere pädagogischen Grundüberzeugungen herauslügen darf; ich fürchte die mangelnde konzeptionelle Kontinuität des immer wieder neu zu schaffenden Temporärausschusses; mir graut vor dessen Trägheit, denn vor Arbeitsaufnahme muss jeweils eine Gesamtkonferenz her (eine von zweien im Halbjahr), die ihn einrichtet. Katastrophe! Einleiten, oder abschließen, will ich meinen Beitrag mit folgendem Knüller:

»Wenn schon die Didaktische Konferenz abgewickelt werden soll, Ulrich, was wird dann aus ihrem Vorsitzenden? Was wird aus dir? Willst du dich gleich mit abwickeln?«

Ich höre schon den tosenden Beifall. Das trifft den Nerv. Ulrich hatte ja, vor der letzten Versorgungsnovelle, seinen Posten als Didaktischer Leiter längst zur Disposition gestellt, hatte eine Außenbewerberin Detta-Wischer und Horst Freih in die Startlöcher gewinkt – und war dann, zur Erreichung von ›A15 auf Lebenszeit‹, doch noch einmal angetreten. Schule im Vorruhestand!

Jetzt hat das Wort der Kollege Bauer. Der sich unter Herzklopfen, nachdem die Diskussion längst beim Detail ist, doch noch einmal erlaubt, besagte Grundsatzfragen zu stellen, der kritisch beleuchten will, der sich besorgt zeigt, der geklärt wissen möchte, der zu bedenken gibt, der nur warnen kann und schließlich zur Person des Didaktischen Leiters behauptet, er »komme nicht umhin, folgende Frage zu stellen.«

Leider bin ich an dieser Stelle bereits komplett demoralisiert. Rhetorisches Trauma. Ich mühe mich mit meinen Punkten, mit der Syntax sowieso, mit der Stimme, treffe nicht den Ton, nicht das Wort, vergesse sogar die Glücksformulierung ›amorphe Entscheidungsebene‹ unterzubringen und bin, lange bevor ich zum Schluss komme, am Ende. Dead man talking.

Der Antrag Angang wird mit großer Mehrheit angenommen, Gegenstimmen nicht erst gezählt. Der Zufall will es aber, dass bereits mit dem nächsten Tagesordnungspunkt ein Ausschuss der gerade beschlossenen Sorte formiert werden müsste. Die Jahrgangsleiter, angeführt von unserer Anita, wollen zur Vermeidung von Umzugsstress und zwecks besserer Durchmischung (»Integration«) der Schülerschaft die Jahrgangsbindung der Gebäudetrakte, Haus A für 5-7, Haus C für 8-10, probeweise aufheben. Viele wollen das nicht, die Schulleitung der Ordnung halber, die Sozialpädagogen wegen ihrer festen Verwurzelung in den unteren Jahrgängen, die Naturwissenschaftler, um lange Wege zu vermeiden. Klärungsbedarf. Temporärausschuss!

Leider kann sich die Gesamtkonferenz partout auf keine personelle Zusammensetzung einigen. Anita schnaubt. Mir gelingt, zuerst hinter vorgehaltener, aber dann doch scheibenwischermäßig hin und her geisternder Hand, ein Lächeln.

Dienstag, den 25. September

»Lars! Bist du's?« Ja, er ist es, schon halb die Treppe zu den Musikräumen hinauf. Seine Haare scheinen mir dunkler, gestylter, als ich sie kenne; auch hat er in der Kürze der Zeit einen mächtigen Schuss getan.

»Raten Sie, was ich in der ersten Lateinarbeit habe.«

»Eine Drei?« Bei mir waren Vieren das höchste der Gefühle, leider, da konnte er sein hic, haec, hoc, seine Konjugationen so sicher draufhaben, wie er wollte.

»Drei plus«, strahlt Lars.

»Siehst du«, sage ich, als hätte ich irgendetwas schon immer gewusst. »Und sonst?«

»Ja, prima. Doc Aribert macht das irgendwie …«

Bevor er ›besser‹ sagt, schlage ich vor: » … cooler?«

»Cooler sowieso. Er bringt uns das alles anders bei. Sagt, was Sache ist. Zum Beispiel dieses, wie heißt es, ›re publica‹.«

»Res publica?«

»Genau. Sie haben da lang und breit drum rum geredet, ›öffentliche Sache‹, und wir mussten es durchgehen rauf und runter. Dabei heißt es ganz einfach ›Staat‹.«

»Aber Lars!«, möchte ich loslegen. Es gibt keinen einzigen Lateinlehrer toto mundo, der seinen Schülern ›res publica‹ falsch beibringt. »Da musst du gefehlt haben.«

Anderes Beispiel!

»PPP und PPA. Das haben Sie uns nie beigebracht!«

»Die Partizipien nie beigebracht?! Jede Stunde die letzten zwei Jahre lang standen sie an der Tafel. Participium Coniunctum, Aktiv, Passiv, vorzeitig, gleichzeitig, sogar das Partizip Futur, ›Morituri te salutant‹, so erinnere dich doch!«

Lars erinnert sich dunkel, tut mir den Gefallen.

Die Wahrheit ist: Ich liebe die Abkürzungen nicht. Sie schlucken zu viel. Was heißt denn P? Partizip, Präsens, Perfekt, Passiv! Und wo bleibt die schöne, nicht häufig genug auszusprechende Erkenntnis, dass ›Präsens‹ selbst ein Partizip Präsens, ›Perfekt‹ selbst ein Partizip Perfekt ist? Wie ja auch das ›Participium Coniunctum‹ ein Participium Coniunctum ist. Schließlich geht die gute alte indogermanische Connection verloren: ›praesens, praesentis‹ mit seiner nt-Gruppe, das klingt doch haarscharf wie ›schreibent‹, ›sagent‹, ›machent‹, während ›perfectum‹ ein perfektes Abbild von ›gemakt‹, ›gesagt‹, ›geschreibt‹ ist.

»Seht ihr das? Hört ihr das?« Täglich habe ich sie das gefragt.

»Ja, ja, Herr Bauer.«

»Nur, jetzt verstehen wir es«, sagt Lars auf der Treppe im A-Haus.

»Das ist die Hauptsache. Weiterhin viel Erfolg! Dir besonders.«

Ich habe es eilig. Ein weiteres Beispiel ertrüge ich nicht. Zauberformel Lehrerwechsel!

Auf der Heimfahrt, allein im brummigen Daimler-Benz, versuche ich den Frust auf die Straße zu bringen. An der Ampel in Volkmarode stelle ich mir die Frage, wie ich mich fühlen müsste, wenn ich genau Gegenteiliges erfahren hätte: Lars schreibt Sechsen und die ganze Gruppe versteht nur Bahnhof. So rückt sich meine Welt auf dem Umweg höherer Menschlichkeit zurecht, bis hin zur Vorstellung, dass Doc Aribert nach einer halben Stunde modellhaften Unterrichts eine Tasse Kaffee und den Sportteil der ›Wolfsburger Nachrichten‹ holen geht und sagt: »Macht mal!«

Mittwoch, den 26. September

Quedlinburg. Im Bus sitzen 50 Schüler, drei Lehrer, ein Busfahrer.

»Lauter!«, schreit es von hinten.

Der Busfahrer, ein verschmitzter Pole (vermute ich), lacht ins Mikrophon.

»Lauter? Na klar. Ihr wollt ordentlich Musik? Dann kommt alle heute Abend um acht wieder, dann machen wir eine Disco-Fahrt. Aber das hier ist ein Schulausflug!«

Recht hat er. ›Quedlinburg, eine mittelalterliche Stadt‹, initiiert vom Fach Gesellschaft. Deshalb ist, für unsere Kerngruppe, auch Berni Goedecke mit von der Partie.

»Wie habt ihr die Fahrt unterrichtlich vorbereitet?«, frage ich, wohl wissend, dass das Stadtmodell, welches Eckhard Schöller, Jost Obersträßer und Lothar Klabein haben basteln lassen – es steht fertig mit Burg, Markt, Mauer, Kirche und fünfzig Fachwerkhäusern im Lehrerzimmer – von der 7/5 nicht gebaut worden ist.

»Na ja, Mittelalter«, sagt Berni. Er hat das Schwergewicht bisher auf die Auseinandersetzung zwischen Rittern und Bauern gelegt. Wichtig ist, dass die Kinder erst einmal einen visuellen Eindruck kriegen. Vertiefen kann man immer noch.

Raushalten! sage ich mir. Es ist sein Fach, seine Sache. Aber warum musste dann ich das Geld einsammeln, die Elterninformation schreiben? Warum sitze ich überhaupt hier?

»Herr Bauer, schnell! Kerstin ist schlecht!«

»Einen Eimer, eine Tüte! Herr Busfahrer!« Ich quäle mich durch den Gang, vorbei an Rucksäcken und nicht hören wollenden (»Bitte während der Fahrt auf den Plätzen bleiben!«) Schülern.

»Jetzt hat sie schon.«

In der Tat. Im mittlerweile fast entblößten mittleren Busabschnitt sitzt die beklagenswerte Kerstin und hantiert mit ihrem schwarzen Schal im Fußraum. Ein dickes noppiges Paket, schnell in den Rucksack damit!

»Was ist, Hanna?«

Hanna, am Fensterplatz neben Kerstin, eingeklemmt in die Katastrophe, hebt die Arme, macht sich lang und dünn.

»Ich muss hier raus!«, stößt sie hervor, »Mir wird immer schlecht, wenn ich das rieche.«

»Ach was!«, sage ich. »Gib Kerstin mal ein Taschentuch.«

Aber Kerstin hat sich ihrerseits dünn gemacht; Hanna ist vorbei, Hand vorm Mund.

»Ein Taschentuch«, wiederhole ich.

Na, endlich! Seltsamerweise befindet sich das wenige Erbrochene, was man überhaupt sieht, in Kerstins Haar. Kerstin lächelt ein blasses Lächeln und erklärt irgendetwas Entschuldigendes. Ich tupfe und zupfe in ihrer viel zu schwarzen Frisur herum. Kerstin ist das gar nicht recht.

»Es geht schon«, sagt sie.

Auch mir wird die Szene, ja, peinlich. Alle Freundinnen weg; Lehrer erniedrigt sich, gefällt sich als Samariter, vergreift sich förmlich. Zum Schein gucke ich professionell in die Runde. In der Reihe schräg vor uns zwei verbliebene Jungs, Lasse und Michael; stecken die Köpfe zusammen, als wäre das kleine upheaval völlig unbemerkt an ihnen vorübergegangen, oder sie resistent gegen die allgemeine Herzlosigkeit. Oder ob sie gar heldenhaft ausharren und am liebsten statt meiner an Kerstin rumtupften?

Quedlinburg, alles aussteigen. Quedlinburg? Erste Station ist das (spätneuzeitliche!) Bergwerk Elbingerode. Ab in den Schacht! Vergessen die warme Herbstsonne.

»Wie lange geht das noch hier unten?«, die vielfach wiederholte Frage.

»Ich weiß es nicht, Jennifer (Lydia, Ilka, Victoria). Jetzt hört mal zu, was der Mann Interessantes erzählt!«

Natürlich hält sich das Interesse in Grenzen, auch bei mir. Ich finde es eher rührend, mit welchem untergründigen Stolz ›der Mann‹ auf unserem Weg durch die unwirtlichen Felsgänge, Felshallen immer wieder eine der grobschlächtigen, kreischenden, polternden, knallpuffdotzenden Maschinen sowjetischer oder sonstig sozialistischer Bauart in Bewegung setzt.

»Yvonne!«, zische ich. »Jetzt hältst du bitte den Mund!«

So geht das unter Tage. So geht das über Tage. Beim Gang durch das mittelalterliche Quedlinburg umkreise ich die Gruppe, mal beschwichtigend (denn die Führung ist herzlich schlecht, denn Freizeit ist nicht eingeplant, denn sie sind nun mal in dem Alter), meist aber bissig (denn sie benehmen sich wie der Rotz am Ärmel).

30 Mark, acht Stunden Unterricht, Nerven über Nerven – wofür?

Dienstag, den 23. Oktober

»Was hast du denn gegen Ilka?«, fragt Hans-Peter am Rande der Jahrgangsversammlung. (Am Rande heißt: nachdem die Probleme der Pädagogik mehrheitlich gelöst und Anitas Kekse mehrheitlich verspeist sind.)

»Na ja«, kommt die unwillige Antwort, denn wie viel schöner ist es, wenn man sich unter Co-Klassenlehrern über seine Schäfchen blind versteht.

»So ein liebes Mädchen!«, legt Hans-Peter nach.

»Natürlich habe ich gar nichts gegen sie«, sage ich zur Rettung meiner Pädagogenhaut. »Aber wenn ich sie schon sehe, wie sie dasitzt, halb unter die Bank gerutscht, apathisch!«

»Ein Ausbund von Temperament ist sie nicht, da hast du Recht.«

Das meine ich nicht. Temperament ist mir eher ein Gräuel. Hat Yasmen Temperament, hat Jennifer Temperament? Bin ich nicht selbst ein ruhiger Schüler gewesen?

»Ich meine ihre Lustlosigkeit, ihre maulige Art. Sie ist doch halb beleidigt, wenn man sie nur anspricht. Findest du nicht?«

Nein, findet Hans-Peter nicht. »Wir müssen unsere Schüler halt, ich sag mal, bei ihren Persönlichkeiten abholen.«

Schön gesagt. Leicht gesagt. In der Nacht um halb vier, als ich reichlich zwei Stunden wach liege, stelle ich mir noch einmal die Frage: »Was hast du gegen Ilka?« Lange fällt mir das Wort nicht ein, aber irgendwann ist es da: Feindseligkeit. Wenn ich ihr eine Frage stelle, dann schaut sie mich an, reglos, schlecht gelaunt, abweisend und eben feindselig. Da hole ich sie ungern ab. Auch wenn ich sie ermuntere (»Come on, Ilka! Wake up, Ilka. Cheer UP!«), es fehlt das Lächeln, es fehlt die leiseste Regung von Verlegenheit, Nervosität, selbst Ärger. Dann denke ich, in aller Überzogenheit, zu der der Schlaflose neigt:

meine Klasse ein Eisberg, Ilka die Spitze. Dann liste ich, türme ich die Kämpfe auf, die ich gekämpft, und die Niederlagen, die ich eingesteckt habe. Dann gehen mir die letzten Schulwochen vor den Herbstferien, nach den Herbstferien durch den Kopf: die Disziplinlosigkeit, die Rücksichtslosigkeit, die Interesselosigkeit, das ständige Auf-die-Toilette-Müssen, die heißen Kakaos und die majonäsig lachenden belegten Baguettes (»Away with them! Out of my sight!«), die rollenden Getränkeflaschen, die zu Hause vergessenen Bücher, die katastrophalen Tests, der Hohn von Berichtigungen, der ganze Unverstand, der Unernst, die Scheißerufe! Hilft es vielleicht, aus dem Stapel Aufsatzhefte zu zitieren? Gerührt sein anstatt verärgert, in all der Düsternis das Quäntchen Komik entdecken?

Belsazer ist ein in Strophen geschriebenes Gedicht. Der Stoff von Belsazer kam aus der Bibel Daniel 5. Kapitel.
In der Bibel kommen die Knechte wie bei dem Gedicht nicht vor. Und in der Bibel wird nicht gesagt von wem er getötet wurde. Bei Heinrich Heine sind die Verben Brückenverben und die Adjektive männlich. Belsazer hat 21 Strophen.
Belsazer macht ein herrliches Mahl für seine Mächtigen, so steht das in der Bibel. Im Gedicht feiert er mit seinen Knechten. Der Vater von Belsazer hatte heillige Becher aus dem Tempel geraubt daraus tranken sie. Am sehen sie eine Schrift an der Wand. Aber keiner versteht es. Zum Schluss wird Belsazer von seinen Knechten umgebracht.
Wahrscheinlich deshalb weil er über den Gott gelästert. Und sieh dachten bevor er uns auch mit seinen Worten verärgert töten wir ihn. In der Bibel steht nichts darüber.

Wenn ich solche Schülererzeugnisse in Händen halte, und sie verfolgen mich natürlich bis tief in die Nächte, dann denke ich zu allem Überdruss an die eigene Unterrichtsleistung, uninspired im Englischen, over-inspired im Deutschen (sechs Wochen ›Belsazar‹), und möchte verzweifeln.

Jetzt nur nicht auf das Thema Tut-Stunden kommen, sage ich mir. Es steht ja die Planung der Klassenfahrt 2003 an; die Klasse drängt in eine Apartmentanlage ›Weißenhäuser Strand‹ in der Hohwachter Bucht (»mit Wellenbad und Disco«), ich hingegen könnte mir vorstellen (»jetzt kriegt keinen Schrecken«): eine Fahrradtour in das Hüttencamp Molzen, zwischen Lüneburg und Uelzen, Anregung von Herrn Schöller. Fahrradtour, uh! Molzen, Uelzen, uh!

Thema Latein! Meine neue Lateingruppe, die läuft so so, la la, die wird mich jedenfalls nicht weiter um den Schlaf bringen. Deklinations-, Konjugationstabellen, die müssen dringend her, als Poster über die Tafel. Tapetenreste, wo treibe ich die auf? Wer beschreibt sie, ich oder die Klasse? Die Klasse natürlich, keine Frage; aber ich werde mir vorbehalten, die erste Zeile in Bleistift vorzugeben, handtellergroße Buchstaben! Wann? Doch nicht diese Woche! Am Freitag soll der Test geschrieben werden. Oh je, wie wird der ausfallen?! Wie sieht er überhaupt aus? Darf nicht vergessen, heute, vor der Doppelstunde in den Ordner zu gucken. Vielleicht noch einen Probetest hinzaubern? Den sie wann bearbeiten sollen? Wahrscheinlich ist der Test ohnehin zu schwer! Zu schwer und zu lang; meine Tests neigen dazu. Die Katastrophe ist vorgezeichnet!

Denk ich an Schule in der Nacht!

Mittwoch, den 24. Oktober

Soll das etwa ein guter Schultag werden, denke ich, als ich im Morgengrauen am Park auf die Fahrgemeinschaft warte. Ich fühle mich leicht, befreit, kann durchatmen. Luftdruckänderung? Biorhythmus? Oder eine Art Finaleuphorie, die nur darauf wartet zusammenzubrechen? Ohne Rüge für zu starkes Türknallen, ohne überlaute Kassettenmusik, ohne kalte Füße (Lissi liebt ihr Auto, liebt ›Runrig‹ und klare Sicht nach vorne), ohne nennenswerten Stau geht es dienstwärts.

Was wird der Lateinordner sagen?

Der Lateinordner sagt, du hast genau richtig unterrichtet; du bist im Buch bis zur zweiten Lektion, erste Hälfte, gekommen, und hier habe ich in einer Auflage von 25 einen Test, der sich mit Ostia I, Lectio 1 + 2 (A) überschreibt.

Grünes Licht! Die erste Stunde habe ich frei; da ist, wie geplant, noch ein Probetest drin. Auf Folie zerhacke ich den gemäßigt abgewandelten Testtext in kleine Einheiten, die ich rechts daneben mit dünnem Stift in Frage stelle:

dominus inquietus est	*die Herrin? unruhig?*
caela obscura	*der Himmel? dunkel?*
cuncti laborant	*alle Sklaven? warten?*
plaustrum onerant	*die Lastwagen? voll?*
etc.	

Das muss reichen; der Test kann als vorbereitet gelten. Anita erzählt derweil von ihren Erfolgen am Stundenplanbrett (das es in dieser Form längst nicht mehr gibt). Knifflige Probleme überlässt sie nämlich nicht den Herren Stundenplanern. Gerade ging es um die Verlegung der unseligen Tut-Stunde aus der Mittagspause. Wohin, wenn die Woche bis hart an den Freitagnachmittag belegt ist? In eine der bereits bestehenden AS-Stunden[11], die ab sofort doppelt besetzt sein wird und je nach Bedarf mal so, mal anders genutzt werden soll. Eine etwas windige Lösung, denn sie beschädigt (um das Modewort zu gebrauchen) sowohl unser 5-Tage-AS-Konzept als auch den Anspruch jeder Klasse auf eine volle Tut-Stunde. Und – die

Schüler haben unter dem Strich eine Stunde pro Woche weniger Unterricht. Wir problematisieren hin und her, hüten uns aber, den Plauderton zu verlassen. Schön, zu zweit in der großen Lehrerstation zu sitzen (»Trinkst du einen Tee?«) und ohne viel von der Arbeit aufzublicken, fragen, berichten, kommentieren, dabei die böse Unterrichtswelt fern zu wissen.

»Was war jetzt mit dem Tee?«

»Oh je, die Beutel müssen raus!«

Wir ja desgleichen; es gongt zur zweiten Stunde. Deutsch: Es schneite. Erste Flocken bedeckten den Gehsteig. Franz übergab dem Fremden den Koffer. Sprachbuch, S. 38.

Die Kinder wollen natürlich Näheres wissen: Inhalt des Koffers, Herkunft, Zweck. Für Fragen, wer oder was hier Subjekt ist, interessieren sie sich herzlich wenig.

Gott sei Dank hat Enrik, von der Orientierungsstufe Calberlah kommend, »das schon gehabt«. Subjekt, Prädikat. Wir IGSler haben immerhin die Fälle parat, so geht es flott voran.

»Es schneite. Ersetzt mal das Subjekt durch eine Person und das Prädikat durch ein anderes Verb.«

»Oma rannte.«

»Opa kannte.«

»Lisa konnte.«

»Es brannte.«

»›Es brannte‹ hat neun Buchstaben. Wer kann kürzer?«

Es brennt, er kennt, er kann. Ich will auf ›Er aß‹ hinaus. Als es kommt, an die Tafel damit! Vier Buchstaben! Kürzer geht's nicht.

»Und wenn ich einfach sage: ›Aas?‹« Statt ›Du altes Aas‹, meint Michael.

»Dann kann ich auch ›O.K.‹ sagen«, fordert Lara. Zwei Buchstaben.

»I!« Das war Victoria.

Das sind keine Sätze, will ich sagen, obwohl ich es besser

weiß. »Wir wollen Sätze, vollständige Sätze, die brav aus Subjekt und Prädikat bestehen.«

»Ach so.«

Das Beispiel ›Opa kannte‹ muss noch mal herhalten. »Was sagt ihr zu dem Satz?«

»Wen kannte er? Was kannte er?«

»Richtig, Ilka. Da fehlt was. Manche Prädikate brauchen eine Ergänzung«. (Hat Ilka gelächelt?) Akkusativobjekt.

»Wer sieht an der Tafel ein weiteres Beispiel?«

»Lisa konnte. Was konnte sie?« Auch hier fehlt etwas.

»Wieso?«, fragt eins von den naseweisen Mädchen. »Wenn ich sage ›Ich wollte mit meiner Freundin in die Stadt. Sie konnte‹, dann geht es doch ohne.«

»Ich musste«, weiß einer der naseweisen Jungen.

Ach ja, kaum hat man eine kindgerechte Regel aufgestellt, dann beweisen einem die lieben Adressaten, wie falsch man liegt, fordern Problematisierung. Also gut. Ich rede mich mit der Formel heraus, dass sich über das, was ein Satz ist, »die Gelehrten streiten«. Dass ›Du Aas!‹ oder ›Ich musste‹ für manche sehr wohl ein Satz ist, weil nämlich Sprecher und Hörer das Gesagte im Geiste zu Ende denken. Andere aber, Deutschlehrer und Sprachbuchschreiber, seien strenger und wollten die erforderlichen Satzteile unbedingt schwarz auf weiß sehen.

Und wir?

»Wir müssen uns da irgendwie rausmogeln«. Gedankenpause. »Und das machen wir am besten, indem wir erst mal möglichst viele Sätze nach dem Muster ›Subjekt, Prädikat, Objekt‹ an die Tafel bringen. Jeder überlegt sich einen Satz!«

›Sie kannte den Mann.‹ ›Der Vater liest die Zeitung.‹ ›Die Sonne blendete mich.‹ Lauter richtige, lauter langweilige Beispiele. Ich greife zur Kreide.

»Die Blende sonnte mich.«

Schrecksekunde. Dann Gelächter. Das ist doch kein Satz!

»Doch!«, sagt Benni. Wen sonnte die Blende? Wer sonnte mich? Subjekt, Prädikat, Objekt.

Jetzt geht es los. Die Zeit vatert eine Lesung. Es brotet uns. Liebe sieht ihn. Stahl hat die Gans gefuchst.

Nach allem, was schon ins Heft geschrieben ist, mit farbigen Unterstreichungen und in schönster Ordnung, – ein Unsinnsatz mindestens muss noch dazu!

»Wenn ihr wollt, so wie ich an der Tafel.« Manchmal reitet mich der Schalk, und ich tue gut daran, nicht noch einmal durch die Reihen zugehen. Da steht er nämlich, mein Satz, etwas schief in die verbleibenden freien Räume gequetscht, mit abenteuerlichen Rot-, Grün-, Braununterstreichungen. Ergebnis: Auch schräge Sätze haben ihre Ordnung. S-P-O.

Jetzt kann es gongen. Schnell in die Pause.

»Ja, Victoria? Tafelamt nicht vergessen, Ilka. Die andern raus!«

Victoria drückt mir den Prospekt ›Hohwachter Bucht‹ in die Hand. Ich soll mir die Preise noch mal angucken. Danke, Victoria. Nein, nicht gleich, Victoria.

Yasmen und Brigitt (»Warum seid ihr noch nicht draußen?«) wollen umgesetzt werden. Spricht etwas dagegen? Bei so braven Mädchen? Ich verweise auf die Tut-Stunde, heute Nachmittag.

Tobias, aus der Lateingruppe, steckt den Kopf in die Tür.

»Stimmt das, dass wir den Lateintest schon heute schreiben? Die andern sagen ...«

Ach, Tobias! Immer eifrig, immer beflissen, immer ein wenig bittstellerisch.

»Nein, das stimmt nicht. Wie angekündigt, schreiben wir morgen, Donnerstag.«

»Das habe ich ihnen auch gesagt.«

Was noch? Der Petruspfennig braucht Wasser. Einige der

vielen neuen Poster mit den Girlgroups, bauchfrei, hängen auf halbmast.

»Was nicht hängen will, bitte ganz runter!«

Habe ich an das Wichtigste gedacht, Lüften? Wahrscheinlich nicht. Bin längst im Lehrerzimmer, wo Eckhard Schöller von seinem Leserbrief an die Braunschweiger Zeitung berichtet. Fußgängerampel in Querum, Waggumer Weg. Zustimmung ist gefragt.

»Habe die Zeitung noch nicht gelesen. Entschuldige. Habe Aufsicht.«

Schluck Tee. Auf das Butterbrot verzichte ich. Toiletten Haus A.

Zweimal in den verbleibenden fünf Minuten streiche ich durch das Jungenklo, mit gutem dienstlichen Gewissen, solange kein Schüler an den Pissoirbecken steht, mit heiklen Händen beim Rausgehen und auf Null gestellter Nase.

Der Probetest in Latein besteht im ersten Teil aus einer Overheadfolie mit exakt dem morgigen Testwortlaut. Ich will auf Nummer Sicher gehen. Ich will endlich einmal gute Ergebnisse.

»Wer übersetzt?«

Tobias, Chiara Schön, Adrian. Es läuft wie geschmiert. 80% werden runterübersetzt. Dann Schluss! Ein bisschen was soll auch neu sein.

»Und so ist morgen auch der Test?«, fragt ein Naseweiser.

»Na ja, so ungefähr«, lüge ich, »Es ist ein Probetest, der soll euch üben.«

Zum Beispiel durch Abdecken von Textteilen:

»Servi xxxx complent.« »Saccos.«

»Quis xxxx rotam apportare?« »Potest.«

Ein Spiel wird daraus.

»Du bleibst bei ›potest‹? Hast du die Kongruenz überprüft?

58

Wir sind bei der 8000-Mark-Frage. Wenn es falsch ist, fällst du auf 500 zurück!«

Der Kandidat wählt den Publikumsjoker; das Publikum entscheidet mehrheitlich für ›potest‹.

»Und ›potest‹ ist … richtig!«

So geht das munter weiter. Eine gut gelaunte Stunde. Zwischenrein gehe ich das eigentliche Übungsblatt kopieren. Ich fühle mich gut. Es kann nichts schiefgehen.

Auch die Englischstunde gerät. Aspects. Ich habe vorsorglich das gute alte Schema Background-New Event angeschrieben. Fehler ab sofort unmöglich.

Ich drehe auf.

»Which is the background: the skiing or the leg?«

»The sun was shining, background or new event?«

»Suddenly the telephone rang. Can we call THAT a new event?«

Sie begreifen. Sie sagen nicht einmal ›eevent‹, und sogar ›ewent‹ ist ihnen schnell ausgetrieben.

»Sheila was dropping all the plates. Is that a good sentence?«

Sabina (aus der 7/3; denn der A-Kurs wird von zwei Kerngruppen beschickt) sagt: »No.«

Lara: »No, it isn't.«

Benni: »No, it isn't.«

Teacher: »Yes, it is. Look!«

Ich mime Sheila, wie sie Teller zu Boden fallen lässt, einen nach dem anderen. Sheila busy dropping plates. A background.

»And then, of course, the door opened and her mother came in. What on earth are you doing?! Sheila! Stop it!«

Wie schlapp dagegen die Bildchenfolge im Buch (›While the

cat was eating, somebody stepped on her tail‹)! Die natürlich dennoch versprachlicht ins Heft gebracht wird.

»Ja, alle sechs Sätze. Und vergesst das ›was/were‹ nicht!«

Wenn an einem solchen Tag nur nicht noch eine Tut-Stunde läge! Hans-Peter ist heute mit dabei. Hab mir geschworen, ›schwere Stunden‹ nur noch zu zweit, d. h. eigentlich unter Zeugen, abzuhalten.

Wie gut die Idee wirklich ist, muss sich herausstellen. Denn Hans-Peter, als ich ihm von der schrecklichen Disco-Ferien-Appartmentanlage in der Hohwachter Bucht berichte, ist gar nicht so abgeneigt.

»Es ist Sommer«, sagt er, »und im Sommer wollen Kinder an die See.«

»Hans-Peter«, sage ich, »du weißt möglicherweise nicht, dass wir auf unserer letzten Klassenfahrt ebenfalls an der See waren, ebenfalls an der Ostsee, keine 60 km Luftlinie entfernt, auf der anderen Seite der Bucht. Wir werden dieselbe Strandwanderung machen. Wir werden nach Lübeck fahren, so wie wir seinerzeit nach Wismar gefahren sind. Ich finde das ein wenig dünn.«

Hans-Peter legt das Schwergewicht aufs Soziale, auf das Gruppenerleben (»Daran haben sie genug zu knapsen«).

Gruppenerleben im Harz, Gruppenerleben an der Weser, Gruppenerleben beim Segelkurs an der Müritz, schlage ich vor.

Hans-Peter setzt sein Ich-sag-mal-Gesicht auf. »Das Schlimmste wäre eine Klassenfahrt gegen den Willen der Klasse. Damit tun wir auch uns keinen Gefallen.«

Das Zweitschlimmste scheint mir eine Klassenfahrt gegen die Grundüberzeugungen des – ersten – Klassenlehrers.

Wir einigen uns, dass wir unseren kleinen Dissens auf keinen Fall vor der Klasse austragen wollen.

Wie geht man rein in eine solche Stunde, wie kommt man raus?

Ersteres mit flauem Gefühl, Letzteres gestärkt. Die Positionen sind, leidlich entpersonalisiert, ausgesprochen worden. Ich habe deutlich gemacht, dass ich mit der Hohwachter Bucht nicht zufrieden bin, dass ich weitersuchen werde. Victoria hat den Auftrag erhalten, die Fahrtkosten per Bahn zu ermitteln. Und es bleibt zu klären, Gott sei Dank, wie wir eine zweite Tagesmahlzeit sicherstellen können. Vieles ist ja noch offen. Auch die Frage, wo wir untergebracht würden. Anita weiß vom ›Weißenhäuser Strand‹ so viel, dass die Einzelapartments schnell mal über die ganze Ferienanlage verteilt liegen. Und das, da sind Hans-Peter und ich uns einig, darf selbstverständlich nicht sein.

Es gibt noch gute Tage!

Die natürlich schnell mal langweilig und streng genommen nicht tagebuchtauglich sind. Aber um der Wahrheit willen zwinge ich mich ja alle halbe Jahre mal, einen Tag von A bis Z zu dokumentieren, mit allem pädagogischen Kleinkram, der unterrichtlichen Routine, dem kollegialen Allerlei. Es soll keiner glauben, Schule sei ein ständiger Gipfelsturm. Es gibt auch Geröllhalden, runtergefressene Bergwiesen und den ganz normalen, schräg abbrausenden Rettungshubschrauber.

Freitag, den 26. Oktober

Der Freitag – mit meiner versprengten Einzelstunde Englisch – ist mittlerweile ein ernst zu nehmender, perfekt durchgeplanter Schultag. Nach dem Unterricht hänge ich die neuen AS-Aufgaben aus und, wichtiger, sehe die gerade abgegebenen Aufgaben der vergangenen Woche, Englisch und Deutsch, durch. Um Viertel nach eins spätestens liegen sie abholbereit auf den Lehrertischen der 7/5 und 7/3.

Nicht alle Kollegen ringen sich zu so viel Aufgabendisziplin durch. Manche stellen gar keine Aufgaben, manche sporadisch, aber dann im Übermaß, manche vermischen Restarbeiten aus dem laufenden Unterricht mit AS-Aufgaben, manche stellen Aufgaben im Zweiwochenrhythmus und meine lieben Mathekollegen, Hans-Peter und Jens Hütteroth, deshalb werden sie hier lobend und tadelnd genannt, geben ihre Aufgaben in schöner Regelmäßigkeit und Eindeutigkeit, gehen aber im Umfang bis ans Limit. Von meinem Aufgabenposter mit den selbstklebenden Notizzetteln wird nur in seltenen Fällen Gebrauch gemacht. Eine hübsche Gemengelage von Verunsicherung und Überforderung!

»Da müssen sie durch!«

»Erziehung zu eigenverantwortlichem Arbeiten.«

»Von einem A-Kurs«, denn auch die haben ihre Schwierigkeiten, »wird man das wohl erwarten können!«

Besonders abgedreht finde ich es, denen, die nicht recht klar kommen, die Führung eines AS-Protokollbogens aufzuerlegen. ›Freitag, 2. Stunde, 9.05-9.20 Uhr: Aufgaben 4-8a, S. 43‹, damit »für alle klar wird, besonders aber für sie selbst, wie viel oder wenig sie geschafft haben.«

Aufgaben über Aufgaben, und obendrauf noch eine Metaaufgabe! Instinktive Abwehr war das erste, was ich dem gegenüber empfunden habe. Nirgendwo scheint sich das bewährt zu haben. Aber nach wie vor ist zu hören: »Bevor sich wer über zu große Aufgabenfülle beschwert, will ich einen lückenlos geführten Protokollbogen sehen.« Arbeitsstunde und kein Ende.

Dabei wollte ich von Ilka berichten. (Letzter Stand: Hat Ilka gelächelt?).

Ilka und Yvonne Schmitt haben Tafeldienst. Wie häufig in letzter Zeit ist alles voll geschrieben. Background, Event, Reaction, Latein vom Vortag und, wer weiß, ein wild akzentuiertes Schaubild aus dem Gesellschaftsunterricht: Kaiser, Fürsten, Bischöfe, Ritter, Lehnspfeile rauf und runter.

»Ilka, Tafelamt!«, rufe ich in die Fensterreihe, wo Ilka mit etwas Essbarem in der Hand am Entspannen ist. Ich bin mit Hans-Peter im Gespräch, vorn am Lehrertisch, Thema Arbeitsstunde, Klassenfahrt, irgendwas, zwei Minuten, drei Minuten, hin und her. Plötzlich sehe ich: Ilka sitzt da wie zuvor, ungerührt, unbeweglich.

»Ilka, was ist?«, fahre ich sie an. »Du sollst die Tafel wischen. Bist du denn taub?!«

»Ich hab Yvonne Bescheid gesagt. Die ist an der Reihe.«

Ich fahre aus der Haut. Wenn ich ihr einen Auftrag erteile, erwarte ich, dass er ausgeführt wird. Und wenn sie den Auftrag weitergibt, bleibt sie dennoch verantwortlich usw. usw. Ilka wird blasser und blasser, in ihren Augen ein kleines Flackern.

»Aber«, sagt jemand in meinem Rücken.

Aber was? Ich drehe mich um und der Jemand weist stumm auf Yvonne, die am Tafelwischen ist. Zwei, drei dicke, nasse Bahnen. Wisch, wusch.

Ja, habe ich Ilka Unrecht getan? Jetzt stehe ich da, unbeweglich.

»Wie lange wischst du schon?«, möchte ich fragen, aber ich weiß, nichts wird mich retten. Muss ich mich jetzt entschuldigen? Ich blicke in Ilkas Richtung, und die sagt aus schwindender Blässe heraus:

»Hah hah.«

Es ist das unschönste ›Hah hah‹, das ich seit langem gehört habe, das kälteste auch. Kaum sieht sie durch einen Glücksfall, dazu den Glücksfall meiner plötzlichen Schwäche, ihre Haut gerettet, da tritt sie zu. Wie unfair!

»So sind sie halt«, sagt Anita dazu, »nur auf sich selbst fixiert.«

»Pubertät«, sagt Helge, »das muss so sein. Provozieren, Grenzen austesten, erwachsen werden.« Er glaubt nicht daran, dass die junge Generation immer mieser wird. Aber er glaubt sowieso an nichts, kein Ozonloch, keine Mülltrennung, kein gar nichts.

Donnerstag, den 1. November

Das erste Problem bei Elterngesprächen ist, einen Raum zu finden. Nicht einen Klassenraum mit ungewischter Tafel, überquellenden Abfallcontainern und dem Mief der letzten Mathestunde; nicht den Kleingruppenraum mit seinem zusammengewürfelten Mobiliar; nicht den zweiten Gruppenraum, für Rechtschreibschwache, denn er ist zugleich SV-Raum und hat ein entsprechend autonomes Ambiente; und eigentlich auch nicht das Lehrerzimmer. Dennoch läuft es häufig auf das Lehrerzimmer hinaus. Hier steht, zusammengesetzt aus zwei Schülerbänken, ein leidlich quadratischer Tisch, hier liegt die vielleicht einzige Tischdecke im gesamten Haus A, und hier zeigen Kerzen, zeigen ein Paar abgestellter Schuhe, zeigt von Ferne vielleicht ein angebissenes Käse-Salat-Mayonnaise-Baguette, dass der Raum der Entspannung der Kollegen dient.

»Ist ja richtig gemütlich bei euch«, hören wir gelegentlich sagen, und zwar nicht nur aus dem akkuraten Freitag-Jahrgang, sondern gleichlautend von der Leppa-Truppe, wo einiges drunter und drüber gehen soll.

Ich habe zum Thema Gemütlichkeit nach wie vor meine eigene Meinung und würde zu gern die Hand heben bzw. anlegen für weitere innenarchitektonische Bereinigungen, aber dafür braucht's natürlich schärfere Besen als Anita und Hella. Und ich müsste vielleicht mitten in eine Befreiungsaktion (Regalruinen, olle Posterrollen, Pappen, Elektromüll, Farbeimer und als Erstes das Paar Schuhe, weg damit!) rufen: »Halt! Nicht die Tapeten! Das sollen doch meine Deklinationstabellen werden!«

So viel zu unserem bevorzugten Elternbesprechungszimmer.

Ich luge also hinein, fünf Minuten vor meinem Gespräch mit Frau Schmitt, Mutter von Yvonne. Da sitzt Lothar, korrigierend, sinnend. Das ist schlecht, einerseits wie andererseits. Arbeitsatmosphäre, Recht auf Erholung; Vertraulichkeit, Unbefangenheit. Dritterseits unser noch immer belastetes Verhältnis. Ein Plauderton oder gar Gutgelauntheit will zwischen uns nicht aufkommen. Alle zwei, drei Tage mache ich Anstalten wie die folgenden:

»Übrigens, Lothar, ich habe das Geheimnis der billigen Druckerpatronen gelöst.« (Falls 58 Mark billig ist.)

»Noch mal zu den Satzgliedern, Lothar. Die Wiese ist grün. Wie nennt man den Satzteil ›grün‹ nach heutiger Lehre?«

Und neulich, als ich ihn in unserem kleinen, blauen, kiefergerahmten Sofa liegen sah, wenig entspannt, denn er ist viel zu lang für das Möbel, habe ich ihm meinen Liegetrick gezeigt: ein Rückenkissen in die hintere Ecke buffen, schräg reklinieren, die Beine mit den überstehenden Teilen auf einen Extrastuhl lagern. Diesen Extrastuhl musste ich ihm natürlich ranrücken, und tatsächlich hat er die Beine gehoben, bis der Stuhl drunter war, und ein Danke gemurmelt.

»Ich wollte sowieso gerade nach meiner Klasse gucken«, sagt Lothar jetzt, vornehm, und ist schon weg.

Frau Schmitt hingegen ist schon da, wartet auf einer Bank auf unserem ansprechenden Jahrgangsflur.

»Also, sagen Sie mal selbst, Herr Bauer, ist das nicht eine Katastrophe mit Yvonne?«

Frau Schmitt will keinen Tee, hat sich kaum aus dem schweren Anorak helfen lassen. Sie ist in die Sprechstunde gekommen, sie will sprechen.

Yvonnes Leistungen. Ihre Gleichgültigkeit. Ihr Ton zu Hause. Ständig die Auseinandersetzungen.

»Das musst du doch endlich begreifen!« Aber Yvonne begreift es nicht.

»Ich mach das schon«, ist ihre Rede. Oder: »Das verstehst du nicht.« Oder sogar: »Halt dich da raus.« Überhaupt, der Wortschatz!

Ich nicke nur. Bestens kann ich mir das vorstellen und formuliere vorerst im Geiste. Nicht unterbrechen, denke ich. Frau Schmitt wird heftiger, in ihren Frust mischt sich Aggression, gegen Yvonne wohlgemerkt.

»Was ist mit dem Probetest?«, hat sie Yvonne gefragt. »Hat es diesmal keinen gegeben?«

»Klar hat es einen gegeben«, blafft Yvonne zurück. »Gibt doch immer einen.«

»Und?«

»Was und?!«

»Der Test! Ihr schreibt doch morgen den Test!!«

»Ich mach das schon«, sagt Yvonne

Sie hat natürlich nichts gemacht, berichtet Frau Schmitt. Den Probetest mal kurz überflogen, beim Frühstück. Klar, dass dabei nichts herauskommt!

»Leider«, sage ich, »der Deutschtest war wirklich sehr enttäuschend.«

In allen Fächern dasselbe Lied! Frau Schmitt fragt sich, »was dieses Kind im Kopf hat!«

Hier fällt das Wort ›Pubertät‹. Muss ich der Mutter das wirklich erklären? Sie ist noch keine vierzig und trotz einer gewissen Abgespanntheit selbst ganz hübsch; sie sieht aus wie Yvonne ohne Babyspeck. Das Spitzbübische, das Lebenslustige ihrer Tochter, das fehlt ihr. Aber hat es ihr immer gefehlt?

»Im Haus keinen Handschlag!«

»Sie sollten mal ihr Zimmer sehen!«

»Die ganze Einstellung! Wie will sie damit einen vernünftigen Abschluss machen, eine Lehrstelle kriegen? Es ist doch ihr Leben!«

Ich plädiere für konsequente Zusammenarbeit von Schule und Elternhaus. Gespräche unter vier Augen, Gespräche erweitert um Herrn Fuchs, Frau Sonschein. Aber ich appelliere, in aller Vorsicht, auch daran, keine weitere Aggression gegen Yvonne aufzubauen.

»Denn, Frau Schmitt, Yvonne ist doch auch ein patenter Kerl, und ein liebenswerter Mensch.«

»Natürlich ist sie das! Das ist es ja gerade! Was meinen Sie, in ihrem Reitverein, wie sie da zupackt! Oder wie sie gekellnert hat, ein ganzes Turnierwochenende lang! Sie kann was leisten, wenn sie nur will.«

Aber für Hobbys bleibt ja kaum noch Zeit. Die Belastung, die seit dem siebten Schuljahr auf die Kinder zukommt! Französisch, Englisch-A-Kurs, drei Nachmittage die Woche Schule! Der Konfirmandenunterricht!

»Ja, und Dienstag und Freitag fahre ich sie ja nach Braunschweig.«

»Zum Rechtschreibinstitut«, weiß ich. Man hat mir eine Riesenbroschüre zugeschickt, mitsamt Fragebogen; liegt in der Schülerakte.

»Wie wäre es«, rege ich vorsichtig an, »wenn Sie sie aus dem Rechtschreibtraining rausnähmen?«

Yvonnes Rechtschreibung ist zwar kein Glanzstück, aber auch keine Katastrophe. Frau Schmitt springt darauf nicht an. Sie haben bei Yvonne eine leichte Legasthenie festgestellt, und bevor die nicht ausgetrieben ist (»Sie muss doch wenigstens ihre Muttersprache schreiben können!«) denkt sie eher daran, Yvonne von unserer Schule zu nehmen und an die Hauptschule Lehre zu schicken.

»Da hat sie immerhin die Nachmittage frei.«

»Wir geben unsere Schülerinnen und Schüler ungern her, Frau Schmitt.«

Stimmt das auch für Yvonne, frage ich mich. Sie macht in der Tat viel Ärger. Ist ein ständiger Unruheherd. Neulich, nach einem kleinen Übungsdiktat über Christoph Columbus, als Nils mich berichtigen musste bezüglich des neu gefundenen Landes, einer obskuren Insel nämlich, da war aus der genervten, gehässigen Reaktion der Klasse (»Nils, du schon wieder!«) Yvonnes Stimme am deutlichsten herauszuhören. Unfair, borniert, selbstgerecht! Und ihre ungebremste Fäkalsprache! Trennt man sich von all dem nicht ganz gerne?

Ich schaue Frau Schmitt, während sie weiter redet, in ihr klares, schönes, etwas hartes, um die hellgrünen Augen sorgenverdüstertes Gesicht. Ich nicke in Abständen, aber während ich nicke, schüttele ich in Gedanken umso entschiedener den Kopf.

Donnerstag, den 8. November

Mittwochs und donnerstags bin ich aus Fahrgemeinschaftsgründen, oder als Mensch fester Gewohnheiten, oder einer schieren dienstlichen Anhänglichkeit nachgehend, schon zur ersten Stunde da, obwohl mein Unterricht zur zweiten anfängt. Dann sitze ich – auf Rufweite – mit Anita zusammen im Lehrerzimmer, treffe in aller Ruhe letzte Unterrichtsvorbereitungen (und die letzten werden wohl die ersten sein!), hole bei Bedarf mein Frühstück nach, lege Dinge von links nach rechts, klappe gelegentlich sogar – was einigen Argwohn erregen kann – mein Tagebuch auf und plaudere natürlich zwischendurch.

Themen? Rerik, meine Maßnahmen zur Trockenlegung des Hauses. Der Besuch der ältesten Tochter mit Schwiegersohn und neuem Baby (Maßnahmen der Trockenlegung?). Ingas

Geburtstagsbüfett nächste Woche. Die konkret werdenden Pläne der Landesregierung – fast hört man schon die Bohrer im Beton – zur Versorgung einer jeden Klasse mit Computer, Drucker, Internet, Beamer und dem ganzen Wahnsinn. Allerdings auch das folgende, recht private Thema.

»Heut Nacht hab ich von dir geträumt.«

»Anita, nicht doch!«

»Wir beide haben einen Edelimbiss aufgemacht, ganz oben auf einem Riesenhochhaus.«

»Das ist ja doll!«

Doll deswegen, weil das nach meinen Freudkenntnissen ein höchst und lecker erotischer Traum ist. Dabei sei das Riesenhochhaus dahingestellt; den Imbiss kann man auch noch schlucken. Aber ›oben auf einem Hochhaus‹, das heißt stürzen, das heißt fliegen, das heißt Sex.

Hast du das gewollt? Frage ich Anita hier im Tagebuch (im Lehrerzimmer bin ich längst bei den diversen italienischen Vorspeisen des nächsten Wochenendes) und möchte, bitte sehr, keine Antwort.

Dienstag, den 13. November

Xenia hat sich kaum verabschiedet (nach ihrem Einskommanull-Examen), mit Sekt und Avocadocremetoast, mit dem glühenden Vorsatz – IGS hin, Wolfsburg her – an keine andere Schule zu wollen als ein Gifhorner Gymnasium, mit friedlich hingehaltener Wange, als sie meine Umarmung kommen sieht, – kaum verabschiedet also Xenia, da sitzt mir out of nowhere eine neue Referendarin im Unterricht, Silvana Scholz.

»Good mor ning Mis sis Scholz and Mis ter Bau er.«

Hui, was habe ich am ersten Tag, das ist heute, fein unterrichtet! ›The Selfish Giant‹. Listening comprehension, Reading exercise. Mit bunter, riesenverzierter Einführungsfolie bin ich aufgelaufen, ›Unknown words. Match‹.

selfish	*1 blühen, Blüte*
peach tree	*2 Herbst*
blossom	*3 betreten verboten*
autumn	*4 eigensüchtig*
trespassers will be prosecuted	*5 Pfirsichbaum*

Ca. 25 Stück davon. Wir ordnen zu. Lara sitzt vorn am Projektor, schreibt die Zahlen. Das geht natürlich dreimal flotter als wir, als Referendare, Junglehrer, vor 30 Jahren Vokabeln eingeführt haben (»Bacon and egg? Well this« – from your left pocket – »is an egg. And this« – from your right pocket – »is a packet of bacon. Bacon and eggs, as easy as that!«). Aber einem Gelegenheitsdynamiker wie mir geht es natürlich nicht schnell genug.

»Eigentlich eine klassische Stillarbeit«, sage ich Silvana später; denn ich betreue sie gern noch einige zwanzig Minuten nach dem Gong. Wie am Puzzletisch zu Hause geht jeder Schüler seinen eigenen Weg, sucht seine Wörter in der Reihenfolge, in der Methode, in der Schnelligkeit, die ihm behagt. Stillarbeit umso mehr, als ich am Stundenanfang bereits eine Gesprächsphase, lehrergesteuert, drin hatte.

»What's a giant? Do you know, Sonja?«

»No.«

»Say: No, I don't.«

»No, I don't.«

Does Victoria know? No, she doesn't. Does Tobias? Nobody does.

»I'll tell you then. A giant is a man as high as the ceiling, as tall as a tree. Giants only … Yes, Enrik?«

»Giants gives it not.«

»You mean, giants don't exist.«
Do giants exist? Tafelanschrieb.

Giants exist   *in books*
                 in stories
                 in legends
                 in fairy tales
                 in films, in other words
                 in the fantasy of people

(Thank you, Enrik.)
Zwischendurch, ehe ich es ganz vergesse, schaue ich zu Silvana hinüber. Sie hat sich hinten zu Kerstin gehockt, wo Jennifer fehlt, schaut tief ins Blatt, schreibt gar etwas auf. Sie ist blond und schön und jung. Worin ihre Schönheit beruht, ist vorerst schwer zu sagen; ich kann mir bisher nur ihren durch und durch gesund wirkenden, sommersüchtigen Teint merken, ihre blauen Augen, dazu hinter einer leichten, stahlsilbernen Brille eine breite, dennoch hübsche Nasenwurzel, und: einen kessen, unregulierten oberen Schneidezahn. Herrlich. Im Gesicht Reste von Chubbiness. Unaufgeregte, lächelnde Ruhe. Xenia, mit der ich noch am selben Tage das Gespräch suche und das Thema finde, meint, sie, Silvana, könne »gern ein bisschen mehr Gas geben«. Ich meine das gar nicht, kann Xenia aber noch nicht widersprechen. Ablösung.
»I'm reading you the story now. ›The Selfish Giant‹ by Oscar Wilde. In the afternoons, when the children were ... Florian, please!«
»In the afternoons, when ... Yvonne, how can I read, when you keep ...?!«
Talking, rummaging for pencils, packing or unpacking, was weiß ich. Dreimal, viermal muss ich ansetzen. Schreckliche

Klasse, what with Mrs Scholz visiting for the first time. So behave yourselves!

»Yes, Ben. Shut up!!«

Schließlich gelingt mir (denn thanks to Mrs Scholz gehe ich nicht an die Decke, fange mich kurz vorher, bin ganz lieb) doch noch eine eindrucksvolle Lesung. Alles lauscht, hört gebannt zu. Hören sie auch meine brüchig werdende Stimme, als es aufs Ende zugeht?

»... stretched out his two arms and flung them round the Giant's neck, and kissed him.«

Ja, sie hören alles. Eine wunderbare Stunde. Aber als ich, kurz vor Ende vorm Gong frage, wie sie die Geschichte finden, da muss ich ihnen doch noch die Wörter ›all right‹ und ›boring‹ beibringen. Der Vollständigkeit halber versuche ich sogar, sie zum ›Eigensüchtigen Riesen‹, Musical in Braunschweig, 2. Advent, zu überreden, no chance.

»Trotzdem«, sagt Silvana, als ich sie stolz, stolz in Richtung Lehrerzimmer bugsiere.

Donnerstag, den 15. November

Was macht der Pädagoge in folgender Situation? Durchs Schulhaus schreitend, hinter einer Glastür einhaltend, sieht er ein Mädchen in gestrecktem Lauf auf sich zukommen, verfolgt von einem zweiten Mädchen, ein wildes Fangspiel. Gleich wird das gejagte Mädchen mit vorgestreckten Händen die Glastür aufstoßen und den Gang hinunterstürmen, in zwei Riesensätzen die Treppe zum 5. Jahrgang nehmen und verschwunden sein, die Jägerin ihr nach.

Der Pädagoge (a) baut sich unter Gefahr für Leib und Leben vor der Glastür auf und zwingt so das Mädchen, die Mädchen zum Anhalten?

72

Der Pädagoge (b) tritt beherzt zur Seite und reißt, bevor das erste Mädchen die Tür erreicht, dieselbe elegant auf, das erste Mädchen rauscht durch, das zweite gerade auch noch, denn die Tür braucht eine Weile, bis sie zufällt, und der Spuk ist vorüber?

Der Pädagoge (c) besinnt sich nicht lange, holt tief Luft und lässt das Schulhaus mitsamt den Mädchen per Donnerstimme erzittern?

»Ja, seid ihr denn des Wahnsinns so zu toben!«

Wie ich mich aus der Affäre gezogen habe, weiß ich und sonst niemand – nicht einmal die beiden tollkühnen 5-Klässlerinnen. Denn wer so von Herzen tobt, der sieht nichts und hört nichts. Und sagt natürlich auch nicht danke.

Montag, den 26. November

Drei Minuten vor vier erreiche ich, von Rerik kommend, den Schulparkplatz, nehme einen letzten Schluck Tee vom Teeproviant und begebe mich müdknochig, denn es gab reichlich Mauerwerk aufzugraben, hoch in den Hörsaal. Gesamtkonferenz.

Mein erster Blick in die Runde: Silvana? Ist nicht da. Mein zweiter Blick an die Tafel: Tagesordnung? Uninteressant. Weitere neu zu bildende Ausschüsse stehen ins Haus. Die neuen Technologien sind unaufhaltsam. Die UNESCO lebt. Und, sofern sich einige verschollene Unterschriftenlisten wieder finden lassen, dürfen wir uns ab demnächst ›aggressionsfreie Schule‹ nennen.

Meine Gedanken sind in Rerik (Schwarzanstrich, Neuverlegung der Wasserleitung), meine Blicke immer wieder auf der anderen Hörsaalhälfte, wo seit einiger Zeit Silvana, neben ihrem ollen Chemiefachleiter, sitzt. Seufz!

Bis Frau Plumbohm, Elternratsvorsitzende, sich zu Wort meldet. Konzepte, Programme, Termine. Schließlich ein Problem, das »im wahrsten Sinne des Wortes zum Himmel stinkt«, zu dessen Lösung sie sich allerbreiteste Unterstützung wünscht: die Schultoiletten. Welches Kind mag denn überhaupt noch ›gehen‹? Ihre Töchter verdrücken sich's bis Unterrichtsende, d. h. bis nach vier, ehe sie schließlich zu Hause sind. Unhaltbar! Skandalös! Dringendster Handlungsbedarf! Die Lehrerschaft blickt ernst, wagt nicht, ihr Quäntchen Genervtheit angesichts dieses Dauerthemas zu zeigen. Die Schulleitung »weiß um die Problematik«, nickt mehrköpfig und schaut voll Entschlossenheit gegen die Hörsaalwand. Frau Plumbohm kommt, in ihrer etwas eingeübten Rhetorik, zu dem Schluss, dass nach gründlicher Sanierung der Anlagen durch den Schulträger pro Toilette eine Toilettenfrau her muss; die sei mit 630 Mark im Monat zu entlohnen, der Lohn durch Benutzergebühren (0,20 DM pro Besuch) zu erwirtschaften.

Da erhebt sich, sicher nur um Distanz zu gewinnen, »die Frage, wie weit eine solche Lösung rechtlich zulässig« ist. Da wird darauf hingewiesen, dass es sich bei dem angesprochenen Problem ja nur um die Spitze des Eisberges handelt, dass die Neuorganisation des Toilettenwesens konzeptionell eingebunden werden müsse in die Neugestaltung der Pausenhallen. Da werden lauter kluge Fragen gestellt, und einer kann sie alle beantworten, Friedrich Haas. Er hat sich schon plenumwärts in seiner Sitzreihe erhoben – nun direkt über mir, denn seit Jahren sitzen wir, ein Klappsitz zwischen uns, nebeneinander in der zweiten Reihe, linke Hörsaalhälfte – und ist halbwegs dabei, in starker, schwungvoller Rede, auch als jemand, das können wir ihm glauben, der »mit dem Problem in zwölf Jahren Jahrgangsleitertätigkeit bestens vertraut ist«, das Schulwesen aus der Tiefe der Toilettenanlagen genesen zu lassen. »Denn, Herrschaften, wir sind eine Dienstleistungsgesellschaft und wenn dieser Gedanke in die Schule einzieht, ist das nur folgerichtig.«

Es gibt ja Vorbilder. Eine Gesamtschule in Köln, das weiß er nicht vom Hörensagen, nicht auf Grund zufälliger persönlicher Inaugenscheinnahme, sondern, bitte sehr, frisch aus dem Internet, praktiziert (oder: fährt?) genau dieses Modell, mit bestem Erfolg. Toiletten herkömmlicher Art können wir getrost vergessen; ab sofort sind es Orte der Entspannung, der Rekreation, der Kommunikation, mit Musikbeschallung und einem geeigneten Angebot von Mode- und Hygieneartikeln. Um es kurz zu machen, die Initiative der Elternschaft, der Antrag, der daraus möglichst bald formuliert werden sollte, muss dringend unterstützt werden. Die Bildung eines Ausschusses (»Weitere Wortmeldungen? Keine!«) ist schnell beschlossene Sache.

Wer möchte auch eine so segensreiche Sache behindern?! Wer außer mir? Ich hüte mich zwar, das Wort zu ergreifen. (Habe mich beim TOP 2, ›Überprüfung des Wahlpflichtbereichskanons‹, bereits ausgiebig blamiert, als ich nämlich schlicht nicht wusste, dass die zweite Fremdsprache, ja, ab wann?, in die Zuständigkeit der ersten Fremdsprache, sprich Wolfs, übergegangen ist; muss an einem Montag passiert sein, meinem freien Tag). Gesagt werden müssen hätte das Folgende:

Dass es nämlich zu der Servicelösung durchaus Alternativen gibt. Dass das Ganze, wie auch das Raucherproblem (›Her mit den Reinigungsprofis! Betreten des Raucherhofs eine Mark!‹), wie das Gewaltproblem (›Her mit den Security Guards in den schwarzen Blousons!‹) im ureigensten Sinne ein pädagogisches Problem ist. Und wenn wir schon den Weg pädagogischer Lösungen verlassen, dann, meine Damen und Herren, liebe Eltern, erwarte ich an erster Stelle nicht ärmelkrempelnden Enthusiasmus, sondern Zerknirschung. Resignation. Das Bewusstsein, versagt zu haben! Denn natürlich ist das Toilettenproblem ein Aufsichtsproblem. Die Aufsichtspflicht, das ist ein offenes Geheimnis, wird reihenweise verletzt. (Auch von mir; obwohl ich mich zwinge, jeden Mittwoch, Donnerstag in meinen Aufsichtspausen zweimal durch die Jungentoilette Haus A zu gehen, mit klebrigen Sohlen wieder herauskomme.) Zusätzlich wäre während der Unterrichtszeit, wenn, wie man hört, die meisten Verunreinigungen passieren, ein Schlüsseldienst vonnöten, mit namentlicher Ausleihe.

Wem das nicht pädagogisch genug ist: Es gibt auch die Möglichkeit, ebenfalls mit Erfolg praktiziert, die Lehrertoiletten umzuwidmen und Lehrer wie Schüler auf dieselbe Toilette zu schicken. Nicht begeistert, liebe Kollegen? Ich auch nicht. Aber es wäre mal was!

Donnerstag, den 22. November

Es gongt zum Nachmittagsunterricht. Meine Lateiner stehen brav vor der Klasse, ebenso die ungemütlich große Zahl von Franzosen vor der ihren.

»Können Sie uns aufschließen? Bitte«, fragen Letztere.

Natürlich schließe ich auf, ihnen sogar zuerst.

»Ist noch nicht auf!«, rufen sie mir hinterher.

»Dann sagt euren Lehrern, sie sollen nicht zweimal umschließen!«, und lasse seelenruhig meine eigenen Schüler rein.

»Herr Bauer. Bitte.«

»Wer macht denn das immer?«

»Wissen wir nicht.«

»Dann müsst ihr's rauskriegen!« Schlüssel rein, aufschließen. Schlüssel raus, drei Meter gehen, drei Meter zurück. Schlüssel rein, aufschließen, Schlüssel raus. Nerv! Dafür ist mir meine Zeit zu schade!

Natürlich schließe ich doch auf. Öffne sogar noch die Tür. Messieurs, Dames!

Akt der Höflichkeit? Strategie zur raschen Korridorberuhigung? Oder instinktive Neugier? Die Tafel ist voll geschrieben; schöne Handschrift, Unterstreichungen mit Lineal, in Rot.

»Moment mal. Bei wem habt ihr Mathematik?«

Eine unzulässige Frage. Aufforderung zur Denunziation. Von der Tafel prangt mir das Wort Symmetrie entgegen. Mit einem m. Mir verschlägt es den Atem: Symetrieachse 1, Symetrieachse 2, symetrisch. Wortlos gehe ich zu meiner Klasse zurück. Zweimal umschließen, Symmetrie mit einem m! Der Wahnsinn hat Methode.

Dienstag, den 20. November

Ich habe Silvana imponiert! Und zwar mit einigen ganz alten tricks of mine. Erstens: tabula rasa reading

»Jeremy doesn't look well, and he doesn't look badly«, so kommt es von Sabina, oder Nadine, aus der 7/3. Stille Mädchen, fleißige Mädchen, von denen sich manche unserer Damen gern eine Scheibe abschneiden könnten. Vor der Grammatik freilich sind alle gleich.

»Read this, Nadine!« Nadine kriegt einen Schrecken, denn auf dem Tafelflügel, auf den ich weise, steht nichts. Auch Silvana kriegt hoffentlich einen Schrecken.

»You read, Benni!«

Benni liest: »Lara is a beautiful girl, and she sings beautifully.«

»A good sentence, Benni. But it's not, I'm afraid, what it says on the blackboard here.«

Enrik meldet sich (last straw) und liest: »Look good, feel good, sound good, taste good.«

»Well done, Enrik. Read again, Sabina!«

Sie folgt meinem Finger die imaginäre Vortagsliste hinunter. Perfect! Und wenn es Sabina nicht war, denn sie neigt zu Scheuheit, dann war es Hanna oder Kerstin.

»And Jeremy? He doesn't look …?«

… good, and he doesn't look bad. Ach, wozu einen eine neue Referendarin nicht alles verleiten kann. Krasseste Wiederholung! Wenn ich zurückblättern wollte im Tagebuch, ich fände haarscharf dieselbe Geschichte irgendwo im letztjährigen Band.

Aber es geht hier nicht um Silvana; es geht um Jeremy, poor soul. Ist mir ans Herz gewachsen, seit er – zusammen mit lucky guy Peter – für die englischen Adverben herhalten musste, zwanzig Jahre ist's her. Die dazu gehörige Folie kommt noch in Schreibmaschine, der nachfolgende Probetest (»because, my dears, we'll be writing a test in a week today«) in der bescheidenen Type des Schneider-Joyce 15-Nadel-Druckers, und in gerade noch zeitgemäßem Tintenstrahl das Probetestkorrekturblatt.

Ein Probetestkorrekturblatt muss sein. Wer sich ordentlich vorbereitet, braucht am Ende Gewissheit – sei es durch schlaue Kodierung, durch Lösungen, die in irgendwelchen anderen Zusammenhängen im Buch, Seite Sowieso, Zeile Sowieso stehen, durch Spiegelschrift, durch Galgenratestriche, erste und letzte Buchstaben.

Wie das heutige Probetestkorrekturblatt aussieht und wie man eine Referendarin, bis hin zu einem ungläubigen Japser, damit beeindrucken kann, sei hier durch Einkleben versuchsweise demonstriert:

»Ich kann das nicht lesen«, sagt Ilka, sagt Yvonne, sagen alle.

»Das braucht ihr auch nicht. Wenn ihr richtig aufgepasst habt, schafft ihr das ohne Nachgucken.«

Florian, der wohl ahnt, dass die Testaufgabe nicht ganz unähnlich ausfallen wird, ist fest entschlossen, das Blättchen (»Bitte einkleben«) zu vergrößern und als Schummelzettel zu benutzen. (Er wird es auch tun und, bei einem Fehl von 25 Punkten im Teil Grammar, ›Adjective/Adverb‹, das einzige ›n‹ der gesamten Gruppe schreiben.)

»Man muss den Schülern immer mal mit was Neuem kommen«, sage ich Silvana beim Gang aus der Klasse, seitlich in ihr glattes Gesicht blickend. Silvana nickt anerkennend, interessant, gute Idee, ihr Blondhaar nickt mit, so dass ich eigentlich restlos zufrieden sein müsste. Aber hat sie meine Jeremy-Geschichte gelobt?

Freitag, den 30. November

Schon vor Tagen habe ich einen Overheadprojektor aufgetrieben, denn unser alter hatte mit einem dumpfem, glasigen (if that's at all possible) Plopp seinen Geist aufgegeben. ›Aufgetrieben‹ heißt übrigens seit langem nicht mehr: zu Herrn Lebois gegangen und Material gesichtet (»Den da!«), sondern klammheimlich ein möglicherweise herrenloses Gerät von irgendwo in die eigene Klasse geschafft. Für unseren defekten Projektor gibt es nämlich beileibe keinen sofortigen und, wenn man dem notorischen Gelächter von Herrn Lebois eine Aussage entnehmen darf, voraussichtlich nie einen Ersatz. Wer geizt da? Die Stadt? Oder fallen die Overheadprojektoren bereits unter unsere Eigenbudgetierung?

»Da müssen Sie Herrn Rölle fragen«, kriege ich unter einer erneuten, nicht weniger grundlosen Lachsalve zu hören. Das tue ich nicht (»Gute Frage«, würde Dirk als Erstes sagen), sondern füge mich achselzuckend ins Gegebene bzw. nicht Gegebene und verlasse mich, Pragmatiker, Notgebärer, Abenteurer, auf meine eigene Findigkeit. Was hat z. B. im Lehrprobenbesprechungs- und kleinen Konferenzzimmer ein Projektor verloren? Im Zeitalter der Tischvorlagen? Ist er nicht im Raum A 208 viel besser aufgehoben, wo heute ihre erste fachleiterbegleitete Unterrichtsstunde abhalten will: Silvana Scholz, meine Referendarin? Die Tafel ist geputzt (etwa von mir?), die Klasse instruiert (»Mrs Scholz, geil!«), es kann losgehen.

Wunderschön, wie Silvana unterrichtet! Die Kinder hängen an ihren Lippen; ich hänge an ihren Lippen. Diese Frische! Die Farbigkeit ihrer Erscheinung! Die strahlenden Augen! Der Mädchenteint! Ihm liegt aus der Nähe betrachtet, der Nähe einer didaktischen Nachbesprechung, ein Hauch von Puder auf. Das Haar, das bei ihrer leicht vornüber gebeugten Unterrichtsweise immer wieder sichelförmig ins Gesicht fällt und, wie auch der kleine, kesse Kuschelschal, energisch zurückgeworfen werden will. Die anfängerhaft eckigen, eifrigen und – gern wiederhole ich mich – mädchenhaften Gesten der Verdeutlichung, der Worterteilung, des Lobes (»You 're a smart one«) oder der puren Unterrichtensfreude. Erotik, da haben wir sie wieder! Die Mädels melden sich verschämt, geben ihre kleinen Antworten. Die Jungs, allen voran Adrian und Enrik, mit leuchtenden Augen, schnipsen und schnappen. Ich selbst ducke mich in meine letzte Bank, mein Notizblatt leer. Thema der Stunde? At the Youth Hostel Kitchen. Silvana hat ein paar Vokabeln eingeführt (»I'll tell you a little story, what happened to me yesterday«), Abenteuer Einkauf im Supermarkt, vegetables, baked beans, tin opener, wobei sie tatsächlich eine Heinz-Konservendose aus der Jackentasche zieht; blind wie wir alle waren, hat keiner die unschöne Aufwölbung in ihrer Hüftpartie gesehen. Jetzt liegt eine Großfolie auf, Kopie aus dem Lehrbuch: eine etwas steif wirkende Jugendherbergscrowd, aufgeteilt nach einem halben Dutzend mehr oder weniger lustiger Minidialoge (›Let's open this tin of baked beans.‹ – ›Good idea. Whose is it?‹). Sprechblasen werden abgedeckt, und aufgedeckt, gelesen, memoriert. Dazu entsteht ein veritables Tafelbild, in gefährlich großer, steiler, schneller Handschrift, ein Drei-Spalten-Ding, ›Suggestions-Offers-Requests‹, das unser Glückskind Silvana ohne letzte Planung, ohne viel Wischen auf dem enger und enger werdenden anderthalb Tafelseiten unterbringt. Als sie die Target Phrases kühn mit Rot überschreibt (Einprägsamkeit durch Unleserlichkeit), da frage ich mich stolz, ob sie das vielleicht von mir hat.

Wenig genug wäre es. In Sachen Methodenwechsel, Unterrichtsformen, Zeiteinteilung jedenfalls hab ich ihr nichts, gar nichts, null beigebracht. Dennoch hat die Klasse die Dialoge gerade vom Tonband gehört, ist jetzt dabei, das Tafelbild ins Heft zu übertragen, well before the gong. Zeit für mich, mir Gründe zu überlegen, warum das Hörverstehen der Dialoge, auf dem Silvanas Fachleiter aus irgendeiner Marotte (Medienvielfalt?) heraus bestanden hat, wenn überhaupt an den Schluss der Stunde gehörte. Bei der Stundenbesprechung im großen, leeren Lehrerzimmer werde ich als ›Wort des Fachlehrers‹ beitragen, dass eine einführende Hörverstehensübung natürlich eine zusammenhängende, sich selbst erklärende Story voraussetzt. (Ich hasse Bits and Pieces, Drei-Sekunden-Sequenzen, die zu Ende sind, bevor man die Ohren aufgeklappt hat.) Und dass Silvana – aber steht mir, speziell wenn der Fachleiter ungerührt bleibt, so viel Urteil überhaupt zu? – auch in diesem Punkt, wie in allen anderen, alles, alles richtig gemacht hat.

Geile Stunde, Silvana. Diese Formulierung habe ich mir natürlich verkniffen.

Donnerstag, den 6. Dezember

Piccolosekt wahlweise Pralinenmischung, Weihnachtsbriefmarken, Nikoläuse zum Aufziehen, Lottoscheine mit sechs (mehrheitlich falschen) Kartoffeldruck-Christbäumen, Braunschweig-Silberzehner, IGS-Telefonkarten – was habe ich mir in vergangenen Jahren für unsere Schulangestellten zum Nikolaustag nicht schon alles einfallen lassen! Und wie klein habe ich mich in anderen Jahren, der Überlastung, der Genervtheit, der Vergesslichkeit, beim Passieren der Hausmeisterloge gemacht, wie bin ich an den Sekretariaten vorbeigehuscht!

An diesem 6. Dezember nichts von alledem: keine Präsente, kein schlechtes Gewissen. Die Stimmung ist nicht danach, weiß der Himmel, warum! Das Atmosphärische, Soziale, Menschliche ist im Keller. Es fehlen die Integrationsfiguren, es fehlen gemeinsame Aktionen, Anliegen, es fehlt das kommunikative Zentrum (aus dem guten alten ›großen Lehrerzimmer‹ wird sukzessive das Mobiliar entfernt; die Hängelampen, für die ich mir vor fünf Jahren die Hacken abgelaufen habe, bescheinen zur Hälfte Tisch, zur Hälfte Fußboden). Die Chefin ist Schuld, heißt es immer wieder. Natürlich zu Unrecht; kaum jemand, mit Ausnahme des notorischen Pechvogels Christian Ahrens vielleicht, hat sich je über sie beklagen können, wer ein Anliegen hat, findet immer ein offenes Ohr, Wohlwollen,

Unterstützung – aber trotzdem, sie ist nicht der Typ. Kurzum, der Stimmungsschwund ist da, und die Angestellten sind die ersten, die darunter zu leiden haben. Und um ein Haar die Schüler meiner Klasse.

Denn gestern, als ich mich in der Konditorei Härtl nach den traditionellen Nikolaustrüffeln für Inga umgetan habe, sehe ich auf dem Tresen eine Kollektion hübscher weihnachtlich-winterlicher Schokoladentäfelchen, 40 Pfennig das Stück, und denke, das wäre doch was für Stella. Ich kaufe drei, erhöhe, als ich schon fast aus dem Laden bin, für irgendwelche vorweihnachtliche Eventualitäten auf zehn, und auf dem Rückweg aus der Stadt auf dreißig.

Zum Glück! Denn Co-Klassenlehrer Hans-Peter mit seinen Mini-Weihnachtsmännern hätte mich böse in den Schatten gestellt. Ach ja, kein Tannengrün, kein Fensterschmuck, kein Fröbelstern (nur ein einsames Kerzlein, in die Deutschstunde getragen), aber doppelte Süßration zum Nikolaustag! Quo vadis, Weihnachten?

»Wer kriegt die restlichen Täfelchen?«, so kommt die unersättliche Frage.

Ja, wer kriegt sie? Ich nehme sie, zwei Stück sind's, vorsorglich an mich, habe sie noch in der Hand, als ich auf dem Weg zum Mitteilungsbuch am Sekretariat vorbeikomme; es steht offen.

»Ach, Birgit«, sage ich, »die Zeiten werden nicht besser! Nimmst du auch kleine Nikoläuse?«

Und siehe da, es trifft genau die Richtige. Gerade habe sie, und Birgit muss man glauben, einen solchen Appetit auf etwas Süßes verspürt, nichts Großes, nur eben einen Happen, und deshalb ist das fast der schönste Nikolaus, den sie seit Jahren gekriegt hat. Zum Beweis reißt sie das Täfelchen auf der Stelle auf. Happs.

Und wer kriegt das allerletzte? Im einsamen großen Lehrerzimmer, halb beschienen von einer meiner Hängeleuchten, sitzt Silvana. Als ich ihr das Schokolädchen verehre, lacht sie ein langsames Lächeln. »Oh, danke.«

Eine Menge rausgeholt aus unserer menschlich unterkühlten Schule.

Dienstag, den 11. Dezember

Es ist eine Schande! Die PISA-Studie ist raus, seit Wochen, mit dem bekannten niederschmetternden Ergebnis, – und was steht dazu in diesem Tagebuch? Nichts, kein wütender Protest, kein Haareraufen, kein abwartender Methodenzweifel, keine Selbstbezichtigung, keine Zynismen, keine klammheimliche Freude, keine klarsichtige Analyse, keine knallharte Therapie. Nicht einmal ein hilfloses Achselzucken. Letzteres sei hier nachgeholt. Tagebuch eines Unpolitischen.

Vor den Schülern habe ich PISA bezeichnenderweise im Englischunterricht angesprochen.

»We are bottom, did you know that?«

»We are not as good as we thought we were.«

»It's a catastrophe. And who do you think is to blame?«

Ahnungslose Gesichter, was sonst?

»I'll tell you who.« Lange Pause. »The minister of education. The teachers. And you.«

Hübsch ausgewogen, gell? Seltsamerweise, und das zeigt mir nur, wie abgewrackt ich sein kann, lege ich heimlich oder in weniger entspannten Unterrichtssituationen, wenn ich mir nicht anders zu helfen weiß, das Hauptgewicht auf das »And you«. Die Schüler sind schuld.

Die Ministerin groß zu belasten langweilt mich. Die Leserbriefspalten sind voll davon. Sparkurs der Landesregierung, überfüllte Klassen, schleichende Mehrbelastung der Lehrer, Vergreisung der Kollegien, abbröckelnde Materialversorgung.

Hammerhart das alles, dazu die Sonntagsreden. Aber bekannt, bekannt!

Die Lehrer? Was kann man uns vorwerfen? Boring lessons, habe ich den Schülern gesagt, just to please them. Ich weiß, dass die Faszination des Lernens in der Schule nicht unbedingt zu Hause ist, aber ich weiß auch, dass Magier nicht aus dem Hut zu ziehen, dass Entertainer nicht zu unterhalten, dass die Spaßvögel unter uns rare birds sind. Dennoch sind wir doch wohl Durchschnitt und machen unseren Job. Kämen folglich als Sündenböcke für nur durchschnittliche Leistungen in Frage. Aber wir stehen in der Skala ganz unten.

Und deshalb, bitteschön, die Schüler! Wenige Tage später, Silvana war dabei, spiele ich (im Anschluss an ›Lucky Guy Peter‹, Adjective vs. Adverb) den ollen Rod-Stewart-Titel ›Some Guys Have All the Luck‹ vor, fünfzehn Minuten vorm Gong.

»Take out pencil and paper, and write down words and bits you understand.«

Daraus sollte an der Tafel eine Art loses Bedeutungscluster entstehen, am Folgetag im gedruckten Songtext nachzuvollziehen. Was war? Dreimal musste ich anfangen, böse Blicke werfen. Unruhe, Räkeln, Rascheln, Packen. Wortausbeute null.

»Nichts verstanden!«

Da bin ich ausgeflippt. »Ihr versteht nichts, ihr wisst nichts, ihr könnt nichts. Welchen Schluss zieht ihr daraus? Brüstet euch halbwegs damit, greift schon mal zum Schal, denn an der Bushaltestelle könnte es kalt werden. Anstatt die Ohren aufzureißen, anstatt euch mal ein kleines bisschen Mühe zu geben! Wundert mich gar nicht, dass ihr bottom seid! Stühle hoch, Tafel wischen, Ordnungsdienst. Raus mit euch!«

Verwöhnte Generation! Jegliche Anstrengung ist dringend zu vermeiden. Arbeit eine Zumutung. Disziplin ein garstiges Fremdwort. Spaß, Spaß, Spaß!

Silvana, mit ihren zweimal dreizehn Jahren, hat versucht zu retten, was zu retten ist. Die technische Qualität ins Feld geführt, Uraltkassette. Uraltrecorder.

»Und: es ist ja auch nicht ihre Musik.«

Das weiß ich besser. In einer Woche werden sie mitsingen, und wie ich auf den kleinen sehnsüchtigen Jauler warten.

»Yoohiyoo Yoohi Yoohiyoo.«

Was mich bei der ganzen PISA-Studie etwas verstört, ist die Tatsache, dass wir als Gesamtschule eigentlich mit Finnland, Korea usw. gleichauf liegen müssten, vielleicht sogar tatsächlich liegen, denn alle Topscorer sind comprehensive, während der Bodensatz dreigliedrig ist. Am Ende ist meine kleine Aufregung gegenstandslos, mein langes Schweigen Bescheidenheit und was der Ministerin vorschwebt, nämlich umgehende Zwangsfortbildung, für alle, nur nicht uns Gesamtschullehrer, gedacht.

Freitag, den 21. Dezember

›Weihnachten steht vor der Tür‹. Irgendwann zwischendrin erinnere ich mich der kleinen Geschichte für Rechtschreibschwache. Das wäre was für Lasse, Nils, Michael. Ach, kommt mir der Seufzer, das wäre was für alle.

Weihnachten steht vor der Tür, brummte der Vater hinter seiner Zeitung, ja, ja. Der Sohn springt vom Tisch auf, saust die Treppe hinunter, öffnet gespannt die Tür. Da steht eine hübsche, dunkle Frau mit Kopftuch, ein Kindchen auf dem Arm. Bittend streckt sie die Hand aus. Der Junge lächelt und nimmt die Hand. End of story.

Das Sentiment ist eins, die Methode ein anderes. Denn die Geschichte ist a) unsichtbar, b) spiegelverkehrt geschrieben, und zwar auf der Rückseite, c) in kärtchenartige Einzelsegmente aufgeteilt und gemischt. Die Legastheniker von ehedem, d. h. der 80er Jahre, sollten das Blatt gegen das Licht halten, den Text abschnittsweise entziffern und auf der Vorderseite auf einer gepunkteten Linie neu hinschreiben. Das Schreiben geht natürlich nur auf dem Tisch, wobei die durchscheinende Schrift verschwindet und aus der unmittelbaren Erinnerung abgerufen werden muss. Zur Kontrolle hebt unser Legastheniker das Blatt noch einmal gegen das Licht und sieht beide Versionen, die eine exakt über der anderen. Genial. Wenn alle Schnipsel geschrieben sind, werden sie zur Geschichte zusammengelegt und vorgelesen.

Wo Weihnachten vor der Tür steht, hätte ich die Blätter liebend gern aus dem Rechtschreibordner gezogen. Stattdessen gibt's Tests zu schreiben, Klassenfahrtdinge zu regeln (Sylt hat das Rennen gemacht), die Weihnachtsfeier vorzubereiten. In einem Jahr also! Dann werde ich auch den Tannenbaum aus unregelmäßigen englischen Verben vorholen, die wenn man sie richtig auf die Rechenkaros bringt, nach und nach ein Ästezickzack ergeben und sogar das eine oder andere zuvor in der Luft hängende Kerzlein und Glöcklein aufnehmen. Irregular verbs forming a regular Christmas tree, oder Didaktik im Wartestand.

Thema Weihnachtsfeier. Im Jahrgang sollte ersatzweise ins Kino gegangen werden, Anitas Idee. Harry Potter oder irgendetwas anderes Schönes.

»Was könnte das sein, das andere Schöne?«, frage ich vorsichtig.

»Was wir kriegen. Das Fliegende Klassenzimmer. Oder das Dschungelbuch.« Oder, oder, oder.

Ich möchte zu Weihnachten was Weihnachtliches. Oder, wenn es nichts Weihnachtliches gibt, Walt Disney oder dergleichen in der englischen Version, damit noch ein bisschen gelernt wird.

Das sage ich auch der Klasse; denn die will natürlich in jedem Falle befragt sein. Und herrje, wenn dann alles nach Harry Potter schreien sollte, will ich ausnahmsweise einmal an den sozialen Lernzuwachs während eines Kinobesuchs glauben.

Aber Harry Potter wird mehrheitlich gar nicht gewünscht.

»Können wir nicht in XXX gehen?«, schlägt Kevin vor. XXX steht für irgendeinen bekannten Actionfilm.

»Nein«, sage ich, ohne Begründung.

»Sie immer mit Ihren Walt-Disney-Filmen!«, sagt Diane. »Versteht man doch kein Wort. Das nervt.«

Ich erinnere die Klasse daran, dass sie unseren einzigen Walt-Disney-Film ›Robin Hood‹ ganz gerne gesehen haben.

Finstere Mienen.

»Ich versuche etwas Schönes zu finden«, verspreche ich, »mir schwebt da schon was vor.«

Der Kinogang jedenfalls ist gestorben. Was mir an Video vorschwebt – und nur darum kann es noch gehen – ist ›A Christmas Carol‹, Muppets, Scrooge, Dickens: der Klassiker. Aber woher nehmen? Wolf, Kristof Klänel, Doc Aribert, alles Fehlanzeige. Lissi, die ihn gut und gern haben könnte, ist auf Fortbildung. Also bestellen, sofort, telefonisch.

»Geht noch heute raus«, heißt es von der äußerst hilfsbereiten Dame vom Versand, »müsste spätestens Dienstag bei Ihnen sein.« Ich bin begeistert. Dienstagnachmittag sichten, ein bis zwei Vokabelblätter schreiben, Mittwoch in die Arbeitsstunde damit!

Am Montag um neun Uhr habe ich die freundliche Dame vom Versand schon wieder anzurufen.

»Ist das Video schon raus?«, frage ich. Denn Lissi ist zurück, hat »natürlich« das Gewünschte in ihrem gut 150 Kassetten umfassenden Videoschrank und möchte lediglich einen Ausdruck meiner Vokabelblätter.

»Ja freilich«, kommt die Antwort. Längst raus das Video.

Ich erkläre ihr, nicht ganz wahrheitsgemäß, die Lage (habe die Kassette nämlich urplötzlich in meinen eigenen Beständen gefunden). Sie ist überaus verständnisvoll – ich soll die Lieferung nur zurückschicken – und wünscht mir schöne Festtage. Gespräch zu Ende, schade.

Als ich am Montagnachmittag Lissis Video einlege, stelle ich sofort fest, dass es wunderschön ist, aber für meine Klasse viel zu schwer. Versteh selbst nur die Hälfte..

Am Dienstagnachmittag packe ich das pünktlich eingehende Paket aus (52 Mark, inkl. Versand) und stelle fest, dass es sich gar nicht um die Muppet-Version handelt, sondern um einen Zeichentrickfilm Soundso. Und bin natürlich begeistert. Zweite Chance. Eine Stunde Unterrichtsvorbereitung auf der Couch, zwei Stunden am Rechner.

Am nächsten Morgen in der Deutschstunde, als ich die neue Errungenschaft vorstellen will, heißt es plötzlich: »Die anderen Gruppen gehen alle in Harry Potter. Warum wir eigentlich nicht?«

Ich erkläre es ihnen mit ausgesuchter Freundlichkeit. Und komme abschließend auf ›Christmas Carol‹ zu sprechen. Werden sie es wollen?

Nein. Nach langem Hin und Her wollen sie gar keinen Film, sondern eine »ganz normale Weihnachtsfeier« mit Liedersingen und Vorlesen (»Herr Fuchs hat da so ein Buch«) und Keksen. Und vielleicht einer neuen Runde ›Wer wird Millionär?‹

Am Ende kriegen wir tatsächlich so etwas wie eine ›normale Weihnachtsfeier‹ hin. Eine Stunde englische Weihnachtslieder, eine Vorlesestunde mit Hans-Peter, zwei Stunden ›Wer wird Millionär?‹ Jawohl, wie im letzten Jahr. Als Preis habe ich, wie im letzten Jahr, einen Silberzehner ausgesetzt, dazu einen Starter-Kit prägefrischer Euros plus drei Großtüten Schokoladenriegel.

»Günther Jauch spiele ich, wie im letzten Jahr«, meine vorsorgliche Ankündigung. Habe schließlich das ganze liebe Geld investiert, habe dazu gestern Nacht bis halb zwölf, damit nur ja kein Überdruss aufkommt, noch ein Set neuer Fragen formuliert. Einmal im Jahr Showmaster sein!

Vergessen also die dünnen Christmas Carols, deren eindeutiger Höhepunkt erreicht war, als der Text von ›Away in a Manger‹ abgeschrieben und die worksheetmäßig vorgezeichneten Kühe (›The cattle are lowing‹) lila angemalt werden durften. Vergessen auch Hans-Peters spaßige Geschichte von den merkwürdigen Weihnachtseindrücken eines Familienhundes namens Struppi. Und vergessen sogar Silvanas Kurzauftritt.

»Die Kinder werden begeistert sein«, hatte ich ihr zugesichert, besonders wenn sie als Weihnachtsmann, neudeutsch Santa, auflaufen würde. Aber als es an der Tür bummerte, und die liebe Silvana mit roter Mütze und tief gestellten »Hohoho!« durch die Klasse schritt, da wollte das so gar nicht zu Struppis kulturkritischen Festtagsbetrachtungen passen und der Beifall war eher verhalten. Eine Dreiviertelstunde hat sie neben mir festgenagelt sitzen müssen, denn Hans-Peters Lesung lag noch in den Anfangszügen, ein Gong war nicht in Hörweite.

Erste Sensation beim ›Millionär‹-Spiel: Lara und Florian scheiden gegen Nils aus. Zweite Sensation: Der Zehner geht tatsächlich weg, nämlich an Victoria. Dazwischen blitzen die Euros in ihrem Plastik, schwitzen drei Mütter (»Jetzt absolute Ruhe!«) über ihrem Telefonjoker-Job, crunchen die Riegel.

Nur als am Schluss, also nach dem finalen Gong, die Meute aufspringt und quer durchs Mobiliar dem Ausgang zustrebt, da muss ich mir mit mosesartig erhobenen Armen (»und da spreche ich für Herrn Fuchs mit«) für eine Abschlussadresse Respekt verschaffen, denn »so geht's ja nun nicht« und »wir wollen uns doch wohl in die Weihnachtsferien verabschieden, die Stühle hochstellen« und »meine Lieben, im neuen Jahr, das beweist ihr mit übergroßer Deutlichkeit, da gibt's noch viel zu lernen.«

Auch ich will mir einiges zu Herzen nehmen, Silvana sicher desgleichen. Nur Hans-Peter kann getrost sein Buch greifen und die Klasse abschließen; er hat immer Struppi auf seiner Seite.

Mittwoch, den 9. Januar 2002

Am Montag bereits, meinem freien Montag, war ich in der Schule, um auf die Schnelle eine Einladung zu Papier und an die Jahrgangstür zu bringen. ›… lade ich anlässlich meines 60. Geburtstages alle Kolleginnen und Kollegen des 7. Jahrgangs in der zweiten großen Pause zu einem Umtrunk mit kleinem Imbiss ein. In der Mittagspause geht es mit den Resten (des Büfetts und des Kollegiums) weiter.‹

Diese Aufregung! Wen einladen? Was auftischen? Wann beginnen? Große oder kleine Lösung? Mensaplatten oder homemade? Letztere Frage wird mir abgenommen, denn Herr Schwarzert aus der Schulküche sieht ausgerechnet am Mittwoch und gerade in der Mittagspause gar keine Möglichkeit des Caterings. Das erfahren, am letzten Schultag vor Weihnachten, und auf dem Wochenmarkt den letzten Kürbis kaufen war eins. Neben dem notorischen Pott Kürbissuppe (in den mir als kleines festtägliches Highlight unter den Augen von Lara und Sonja meine Brille rutschen musste) stehen also auf dem Speisezettel: Graved Lax (selbst gebeizt), eine Riesenschüssel Kartoffelsalat (schlesische Art), dazu eingelegte, rasch gebratene Putenschnitzelfleckerln, das Ganze ergänzt um 60 belegte Brötchenhälften sowie Kuchen von der Hand der Hausmeistersfrau Beschke (mit der Köchinnenfigur), Kaffee und Geschirr von Herrn Schwarzert (um niemanden zu übergehen; denn ich höre von einem erbitterten Krieg zwischen Loge und Mensa). Außerdem nicht zu vergessen:

Gläser, Besteck, Teelichter, Verlängerungsschnur, Elektrokocher für die Suppe, Tischdecke. Tausend Sachen!

Die ›Reste des Kollegiums‹ wussten von ihrem Glück durch gezielte Einladung im Brieffach. Kein schöner Weg! Die ›große Lösung‹, nämlich per Mitteilungsbuch alle einzuladen und darauf zu bauen, dass – in der Mittagspause! – nicht alle kommen, habe ich nicht gewagt. Die ›kleine Lösung‹ hingegen ist nur vom Namen her klein. Gehe einmal das Kollegium durch, als jemand, der keine Feinde hat, und du kreuzt in der Liste locker fuffzig, sechzig Namen an, die des 7. Jahrgangs nicht mitgerechnet!

Und meine Klasse? Was gebe ich aus? Negerküsse, wie bei jedem x-beliebigen Geburtstag? Im Walmart, wo der Sekt eingekauft wird, steht eine Riesengondel Yes-Schnitten, Sonderangebot. Peinlich billig das Fünferpack, aber lecker. Sechs Stück in den Korb. Dazu Rochers. Dazu Bifis für René, unseren Diabetiker. Das muss reichen.

Zu Hause löst Inga das Rätsel der preiswerten Yes-Schnitten. Nestlé ist seit Wochen unter Beschuss, in einige seiner Kinderriegel Alkohol verbacken zu haben. Bei der spontanen Geschmacksprobe im Supermarkt habe ich es als Rumaroma abgetan, jetzt lese ich es im Kleingedruckten. Augen zu, Salat schnippeln, Lachs wenden!

So ziehe ich mit Feiergesicht, Zuversicht sowieso, und einem Schuss Ribbeckscher Kinderliebe, dazu die Yes-Schnitten, ansonsten aber unvorbereitet in den Deutschunterricht. Stille im Flur, die Oberlichter dunkel. Ich soll glauben, die Klasse sei nicht da.

Die Szene, als ich eintrete, bühnenreif. Im Scheinwerferlicht (des Overheadprojektors) ein prachtvoller Blumenstrauß, dahinter eine blitzblanke Tafel, mit kringeliger Kreidegratulation, davor Reihen blitzblanker, erwartungsfroher Gesichter.

»Happy birthday to you, happy birthday to you!«

Bis zum ›jolly good fellow‹ kommen sie nicht. Auch unser Glückwunschkatalog (›lots of presents, may all your dreams‹) wird unterschlagen, aus guten Stundenplangründen, denn Englisch haben wir erst in der fünften. Auch wird in diesem Moment, dirigiert von Victoria, eine drei-etagige, teelichtbestückte Prunktorte hereingetragen.

»Donnerwetter!«, staune ich.

»Donnerwetter!«, höre ich auch im Lehrerzimmer. »Da haben sich deine Lieben ja toll viel Mühe gegeben!«

Ich nicke und denke mit kleinem Schaudern an das Dutzend Klopapierrollen im Inneren der Torte.

Geschenke! Ja, was es an Geschenken gegeben hat, will die Klasse wissen.

Einen Mercedes ›Silberpfeil‹ zum Aufziehen, einen handgroßen Amboss (beide von Manufactum), sowie eine italienisch benamte Leselampe. Den Doppelpack Boxershorts verschweige ich.

»Und halt diese CD.«

Nelli Furtado, flotter Poprock, Zwischending zwischen Madonna und den Andrew-Sisters, ganz hoch in den Charts.

»Die haben SIE zum Geburtstag gekriegt?!«

»Nein, genau genommen hat sie meine Frau geschenkt gekriegt. Von mir. Zu Weihnachten. Und ich wollte sie euch heute vorspielen.«

Eigentlich war die CD zur Untermalung der Kollegenbewirtung gedacht. Aber gerade noch rechtzeitig habe ich Anitas CD-Player gegriffen und kann jetzt auf Knopfdruck, unter Austeilen der Yes-Schnitten (»Aber bitte, die Promille müssen unter uns bleiben«), vielleicht sogar einige Punkte sammeln.

Im Trubel des Lehrerzimmers hingegen geht die CD, einschließlich der Nummer 6, meines und Yvonne Ehrenstadts Favourites ›Turn off the light‹, ziemlich unter.

»Jetzt muss es aber losgehen!«, drängt Anita, Blumenstrauß in der Hand, ein kleines Manuskript in der anderen. Die Mumm-korken knallen. Ich stehe am Ausguss und nehme die Lachs-seite aus der Lake. Fischhände.

»Bin schon da.«

Anita spricht ein paar Worte »im Namen des Jahrgangs« und trägt dann – ihre Spezialität – den Text ›Oh Ottmar‹ vor (›origineller Oldie ohne Orthographieprobleme, offenherzig, optimistisch‹). Vor Rührung, Erheiterung und dem Gedanken an die vielen reinlichen Hände, die gleich zu schütteln sein werden, verschenke ich die Gelegenheit, mir eine kleine Replik (›obergeile Ode‹) einfallen zu lassen. So bleibt's bei bloßen Ta-ten: Umarmung, Küsschen, Handshake, Gläserheben.

»Lothar!? Was ist?«

Lothar sitzt im Rücken des Geschehens an seinem Schreib-tisch.

»Trinke keinen Sekt«, verkündet er, kommt aber doch lang-sam, langbeinig auf einen O-Saft in die Runde. Die größer und größer wird. Jahrgangsleiter, in der Mittagspause sitzungs-halber verhindert, finden sich ein. Die Chefin desgleichen, der ich schon früh am Tage auf dem Weg vom Parkplatz in vo-rauseilender Empfängnis einen Hauch von einstielig stilvollem Blumenstrauß abgenommen habe. Lauter liebe Kolleginnen, Kollegen; viele mit Geschenken, alle mit aufmunternden Wor-ten und Wünschen »für die nächsten 60 Jahre«, und alle mit gesundem Appetit. Gelobt wird, gestaunt wird, das eine oder andere Rezept erbeten.

Eine beglückende, harmonische Feier! Nur als ich mich zur 6. Stunde in meinen Englisch-A-Kurs zurückziehen muss, hat es einen unschönen Akt des Misstrauens gegeben: ich räume den restlichen Lachs in den Kühlschrank. Denn dass sich jemand, vielleicht mit dem Brotmesser, an dem herrlichen Tier vergeht, diesen Gedanken ertrage ich als alternder Mensch nicht.

Dienstag, den 15. Januar

Am Dienstag wochenenderholt in die Schule zurückzukommen ist nicht mehr ganz risikolos. Wie häufig leitet ein Kollege mit dem harmlosen »Ach, übrigens« die haarsträubendsten Klagen über das montägliche Verhalten meiner Klasse ein! Und wie häufig finde ich von Reini mit flottem Folienschreiber ohne Datum, ohne genaue Namen, ohne letzte Lesbarkeit einen über drei kleine Zettel hingeworfenen Bericht über Gewalt an unserer gewaltfreien Schule! Ja, wie häufig? Bisher einmal: Kerstin Neumann aus unserer Klasse hat einem Jungen die linke Augenbraue blutig geschlagen.

»Kerstin! Das kann doch wahr sein!«

»Ja, und er?! Was hat er gemacht?! Mein Tagebuch genommen und den anderen locker vorgelesen!«

›Er‹ ist eigentlich ein Freund von Kerstin, von einer anderen Schule kommend, ein Russlanddeutscher. An jenem Montag ist er mit einer Handvoll Freunden bei uns aufgetaucht, hat dann auf Anweisung von Eckhard Schöller bald das Gelände verlassen, allerdings mit der kompletten Fensterriege Mädchen unserer Kerngruppe im Schlepp. Vor dem Schultor ist es dann »halb aus Versehen« zu der blutigen Annäherung gekommen.

»Er hat sich plötzlich ur runtergebeugt«, sagt Kerstin, »genau in meine Faust hinein«. Im Übrigen sei zwischen ihnen beiden längst alles geklärt.

Das die private Dimension; die politische ist durch pädagogisches Einschreiten frühzeitig zugestellt worden.

»Scheißrussen!«, hat plötzlich jemand gerufen, weiß Lasse (auf Reinis Zetteln als Zeuge entzifferbar), aber es ist nichts nachgekommen; Reini hat in letzter Sekunde beschwichtigen können, Gott sei Dank! Handlungsbedarf? Keiner.

Heute, am selben Dienstag, neue Aufregung. Yvonne Schmitt hat Victoria im Sportunterricht die Hose runtergezogen.

Hey! Ist meine erste Reaktion, unqualifiziert, wie ich mir im Gespräch mit Anita selber sagen muss.

»Gerade einem Mädchen, gerade in dem Alter, in dem sie sind, und gerade in Sport, wo all die Jungen feixend rumstehen und auf so was nur warten.« Anita will ganz stark dagegenhalten.

»Ich habe Berni Goedecke gesagt, er soll als Fachlehrer der Mutter ordentlich Bescheid geben.« Tenor: Ich muss mich ja nicht um alles kümmern. Aber Anita lässt nicht locker. Fallen eindeutig in die Verantwortung des Kerngruppenleiters, solche Vorkommnisse!

Wie dankbar müsste ich an dieser Stelle Hans-Peter sein! Er ist es nämlich, der am nächsten Morgen mir ein säuberliches Schreiben zur Kenntnis vorlegt: schriftliche Verwarnung der Schülerin Yvonne Schmitt. Gespräche mit der Mutter, mit Yvonne und einigen Mädchen ihres Umfelds sind anberaumt.

»Klasse, Hans-Peter«, sage ich, aber in Wahrheit wurmt es mich. Ich in der Zange zwischen Jahrgangsleiterin und Co-Klassenlehrer. Schleichende Entmachtung?

Was sagt man zur auffälligen Hinwendung der Mädchen zu Aggression und Gewalt? Girl Power! Der Englischlehrer erinnert sich wehmütig an Lady Macbeth, die schon vor 25 Jahren alle Männer glühend um ihr Gewaltmonopol beneidete und im Verbrechen die Chance sah, sich aus ihrer milchigen Weiblichkeit zu emanzipieren. Nie dürfen Kerstin und Yvonne das erfahren! Nie auch die Jungs aus der Klasse! Sind ja durch die Bank harmlos; keine Brecher, keine Rabauken, nicht mal richtige Lausebengel! Träumer, Stromer, Freaks, Chaoten, Kindsköpfe, helle Köpfe, Dummerchen. Brav allesamt. Wie ich, als ich dreizehn war.

Mittwoch, den 16. Januar

Ich bin sicher, Silvanas erster Fachleiterbesuch war an einem Dienstag. Nur, der Dienstag ist thematisch schon besetzt. Sorry Silvana, aber dich mit der frechen Yvonne Schmitt in einen Topf werfen, das wollte ich denn doch nicht. Es reicht schon, wenn Hans-Peter dich als große Schwester von Ilka Nollendorf sieht.

»Wie aus dem Gesicht geschnitten, findest du nicht?«

Nein, nein, nein, habe ich ihm entgegnet.

Silvanas Vorführstunde, mit dem Thema ›How to Get to Britain‹ oder ›Crossing the Channel‹, war kein Paradestück, das vorweg. Ich kann mich als frei von jeder Mitverantwortung aus der Affäre ziehen; denn erstens ist es keine solche (»Sie haben alle Fehler gemacht, die man in einer ersten Lehrprobe machen muss«) und zweitens hat Silvana die Stunde ausdrücklich allein machen wollen, nicht einmal meine Telefonnummer (»Bin jederzeit für dich da«) hat sie angenommen.

Der Fachleiter und ich sitzen am unteren Ende der Fensterreihe, machen unsere Aufzeichnungen und unsere Pokerfaces. Ich schaue überdies in Silvanas etwas angespanntes Mienenspiel und sehe mit Entzücken, wie sie beim Unterrichten, die Dozierhand halbhoch in der Luft, die zweite Hand mit weit gespreizten und durchaus mitarbeitenden Spinnenfingern in ihren schwarz behosten (zu einem schwarzweiß getigerten Wintershirt) Oberschenkel presst.

»Was war das Ziel Ihrer Stunde, Frau Scholz?« Mit dieser fatalen Frage eröffnet der Fachleiter die Nachbesprechung. Er heißt Kersten oder Karsten oder ähnlich, kommt jedenfalls namentlich in bedrohliche Nähe zu meinem eigenen Erdkundefachleiter Kresting in Hildesheim, einem Mann von beklagenswert geringer Ausstrahlung. Er ist mittleren Alters, nicht groß, nicht mehr im Besitz vollen Haares, aber sportlich und tüchtig wirkend.

Silvana formuliert achtbar: die Schüler vertraut machen ... Alternativen aufzeigen ... versprachlichen ... motivieren.

»Welchen Stellenwert hat dabei die Wortschatzeinführung?«

Herr Kersten will darauf hinaus, dass die Einzelziele klarer definiert und unterrichtlich in Erscheinung treten müssen. Als er einen Unterrichtsentwurf anmahnt (»Wenn Sie's bisher nicht gewusst haben, – bitte in Zukunft!«), sacke ich in Gedanken an Hildesheim um einige Zentimeter in mich zusammen. Thema der Stunde, Ziel der Stunde, Verlauf. Plötzlich ist es nach Mitternacht, nein, es geht auf halb drei, oh Gott! Drei alberne Erdkundebücher liegen vor mir, dazu ein leeres Blatt.

»Mit einem sauberen Entwurf, das werden Sie sehen, kriegen Sie automatisch mehr Ordnung in Ihren Unterricht.«

»Manch eine Schwierigkeit lässt sich planerisch vorwegnehmen, z. B. durch ein geeignetes Angebot an Redemitteln auf Folie.«

»Und was die Aussprache angeht«, er spielt auf Callaye alias Calais an, dem Silvana eine recht französische Einfärbung gegeben hat, »da müssen Sie sich schon mal die Mühe machen und im Jones nachschlagen.« Freundlich, aber bestimmt. Ein guter Fachleiter, der sicherlich einen vorbildlichen Unterricht macht. Aber was würde ich von ihm annehmen? Das lästige Strukturieren? Die Zeitleiste? Die ausgeklügelten Tafelbilder? Die drei Minuten für die Erteilung der Hausaufgabe?

»Hausaufgaben gibt es an der Gesamtschule in dieser Jahrgangsstufe nicht«, kann ich Silvana entlasten. Und zur Wortschatzarbeit erläutere ich umständlich meine Word Tickets (»Eine interessante Möglichkeit«). Ansonsten muss ich eher zuhören. Keinesfalls braucht Kersten wissen, dass die stolze

Silvana meine Telefonnummer verschmäht hat. O.K., Mr Kersten, no masterpiece. You win.

Silvana dagegen wehrt sich tapfer, fast forsch.

»Stundenentwurf? Das haben wir doch noch gar nicht besprochen.«

»Ich bin davon ausgegangen, dass eine Vokabel wie ›seasick‹ schon dran gewesen ist.«

»Euro-Tunnel, – ist das nicht heutzutage sogar gebräuchlicher als Channel Tunnel?«

Ach Silvana! Ich merke erstmalig, wie jung sie wirklich ist; sie gehört der Generation an, die sich die Butter nicht vom Brot nehmen lässt, die bis zum Beweis des Gegenteils an ihre Tüchtigkeit glaubt, die fightet, und wenn es für die eigenen Fehler ist. Silvana doch Ilkas Schwester?! Sagt nicht, so, so, das hab ich falsch gemacht; werde an mir arbeiten. Sondern versucht, die eigene Haut zu retten. Die schöne eigene Haut. Wie schnell man sich entfremden kann!

Ohnehin trennen sich unsere Wege. Silvana verlässt meine Klasse, hat schon Kontakt zu anderen Fachlehrern aufgenommen. Der Ausbildungsplan will es so, sagt sie.

»Aber einmal kommst du doch noch? Ich wollte dir ...«

Ja, was noch zeigen? Die tausend kleinen Tricks des erfahrenen Schulmanns. All die Superfolien. Die Wonder-Worksheets.

»Und ich wollte dir die Word Ticket Stories vorführen.«

»Morgen, Mittwoch.«

Heute ist Mittwoch. Silvana kommt pünktlich gegen Ende meiner Freistunde ins Lehrerzimmer. Die Schüler sind informiert (»Bring all your word tickets, all of you«). Nur ich unvorbereitet. Fast habe ich die Word Ticket Stories, habe ich Silvana vergessen! In zehn Minuten gongt's zur zweiten großen Pause; ich habe Aufsicht am Brunnen. Dann Englisch.

Fahrig filze ich den dicken Ordner, kann aber die Anleitungs-blätter für die Stories nicht finden. Oh je, wenn jetzt die Kinder auch noch ihre Word Tickets vergessen haben!

Haben sie. Jedes zweite ist ohne.

»It's no good. How can you lay your stories, when your tickets are at home? Next week!«

Aber next week ist Silvana längst bei Lissi Mildenburg, bei Jochen Fox, bei Dr. Krafft und sieht ordnungsgemäßen Unterricht. Nein, es muss jetzt sein, jetzt und hier! Even if it's only one story instead of twenty.

»Name a place. Any place from your tickets.«

»At the customs office of a small fishing port.«

»Name a time.«

»Two hundred years ago.«

»A person.«

»A French business woman.«

»Was doing what?«

»She was sitting in her favourite armchair.«

Das wird sukzessive an die Tafel geschrieben. Nicht von Schülern, wie es Silvana zu Recht gepredigt wird, sondern von mir. Es muss heute schnell gehen.

Gelesen wird es von (›the voice‹) Hanna:

»At the customs office of a small fishing port two hundred years ago, a French business woman was sitting in her favourite armchair.«

The beginning of a story! Great! Die Word Tickets sind nämlich von vorn herein so formuliert, dass sie an unterschiedlichen, aber erzähltypischen Stellen als Teil einer Geschichte fungieren können. Place. Time. Person 1. Doing what? Suddenly. Person 2. Did what? Reaction. Speaker 1. Speaker 2. Speaker 1. Speaker 2. Final sentence.

Suddenly the doorbell rang. A man in charge of ten children. People began to scream.

›Where are you travelling?‹, he asked.
›A small Scottish island‹, she answered sadly.
›I work for a Japanese electronics company.‹
Life is full of contrasts.

So oder ähnlich stand es an der Tafel. In mäßiger Ordnung, aber, wie ich mir selbst gern bezeuge, in flotter, schön lesbarer Handschrift.

»Jaa«, sagt Silvana anerkennend, als wir das letzte Mal den Weg zum Lehrerzimmer nehmen. An der Glastür Richtung Pausenhalle, Richtung Ausgang hält sie inne; für eine Besprechung bleibt heute keine Zeit. Ich beeile mich zu sagen, dass die Word Ticket Stories natürlich jederzeit, z. B. um Relativsätze, erweiterbar sind. Dass Schüler anhand des vorgegebenen Erzählschemas automatisch solche Regeln wie ›Ort vor Zeit‹ oder ›Simple für New Event und Reaction‹ verwirklichen. Dass das Ganze im Grunde nach Digitalisierung schreit, wodurch man binnen fünf Minuten, die Tickets eines Jahres Englisch vorausgesetzt, Dutzende wildester, vielleicht poetischster Geschichten schreiben kann.

»Also, tschüß dann«, sagt Silvana.

Donnerstag, den 17. Januar

Was hat Hella da für viele Zettel auf ihrem Schreibtisch liegen? Dreiviertel voll, halb voll beschrieben, mit kräftigem Stift, dass sich das Papier zu werfen beginnt. Es sind ihre Aufzeichnungen für die heutigen Halbjahres-LEB-Konferenzen, pro Schüler ein Blatt.

»Mann, Hella, da hast du dir ja Arbeit gemacht!«

Ich gehe nämlich ohne Zettel in die Konferenz, wie die meisten, und hoffe, dass mir an gegebener Stelle die richtige Formel einfällt: Ausgeglichenes Leistungsbild. Unser Sorgenkind.

Deutliche Aufwärtstendenz, besonders im vorderen Zensuren-
bereich. Bedarf keines Kommentars, Glanzlicht der Klasse, nur
der Sportkollege mit seinem e+ sollte sich fragen, was er falsch
gemacht hat.

Hella sagt, erst beim schriftlichen Formulieren erhält sie
letzte Klarheit über ihre Schüler; die Zettel brauche sie hinterher gar nicht mehr.

Letzte Klarheit, darum beneide ich sie. Ich komme schon ins
Schleudern, wenn ich meine Kopfnotenvorschläge (für Arbeits-
bzw. Sozialverhalten) in die Liste eintragen soll:

a ›verdient besondere Anerkennung‹

b ›entspricht den Erwartungen in vollem Umfang‹

c ›entspricht den Erwartungen mit Einschränkungen‹

d ›entspricht nicht den Erwartungen‹

In aller Regel suche ich mir die Vorjahresliste heraus, setze
die alte Nennung ein und beruhige mich damit, dass sich die
endgültige Beurteilung erst aus der Vielzahl der Fachlehrer-
nennungen ergibt.

Die Probleme der obigen Skalierung liegen auf der Hand:
Es fehlt eine mittlere Beurteilung, weswegen – in unserem
Jahrgang – gern die Standardnote b vergeben wird. Zweitens
sind die Definitionen alles andere als klar; denn was sind ›Erwartungen‹? Die pädagogische Zielnorm? Oder das von einem
Durchschnittsschüler im Rahmen seiner Entwicklungspsy-
chologie zu Erwartende? Aus dieser Unsicherheit ergibt sich,
drittens, bei manchem Kollegen eine überstrenge, aus der Vie-
rerskalierung losgelöste Definitionstreue (»Hat dreimal sein
Heft vergessen; das entspricht nicht meinen Erwartungen«),
wodurch eine Klasse, meine Klasse, in einem Fach wie Gesellschaft, Goedecke, mehrheitlich die ansonsten tabuisierte Note
d erhalten kann.

Schließlich verführen die Kopfnoten dazu – sie werden ja
im Schulpflegeausschuss mit präzisester Pädagogenarithmetik

(6b + 3c = c) abstimmungsreif vorgefertigt – dass die eigentliche Konferenz mit ihrem Aufgebot von einem guten Dutzend hoch dotierter Fachkräfte und einem halbem Dutzend hoch motivierter Eltern- und Schülervertreter sich jeder pädagogischen Diskussion enthalten kann.

Es gibt also für den Konferenzleiter kaum mehr zu tun, als zu begrüßen, als auf die Verschwiegenheitspflicht hinzuweisen, als ruck, zuck die Schülerfolien aufzulegen, drei Worte der Würdigung zu finden, die vom Schulpflegeausschuss vorgeschlagenen Kopfnoten und eventuelle warnende Sonderbemerkungen zu nennen (»Sofern sich kein Widerspruch erhebt, …«) und die Konferenz dankend zu schließen. Jost Obersträßer schafft das, sagt er mit sportlichem Lächeln, in der Rekordzeit von zehn Minuten. Lothar und Eckhard haben den Ehrgeiz, die vorgesehene Zeit von 30 Minuten und sich gegenseitig zu unterbieten. Ich musste wieder einmal, obwohl ich mich fortwährend für mein Tempo geschämt habe, um reichlich fünf Minuten überziehen. Und Hella? Geht freiwillig ans Ende des Konferenznachmittags. Denn ich vermute, es rutscht ihr doch das eine oder andere Pädagogische heraus.

Montag, den 21. Januar

Die LEBs sind geschrieben. Morgen kommen sie in die uralten, noch vom längst in den Ruhestand verabschiedeten Kollegen und Anita-Vorgänger Hennes Bitter aus Vertäfelungsbrettern gezimmerten Ablagekästen. Es sind für lange Zeit, wenn nicht für immer, meine vorletzten LEBs. Deshalb hatte ich mir wieder einmal vorgenommen, geradezu geschworen, es diesmal kurz zu machen, d. h. die freien Bemerkungen auf das Nötigste zu beschränken.

Was ist das Nötigste? Dummerweise wollen mir Aussagen

wie ›Michael hat die Lernziele nur knapp erreicht‹ oder ›Weiter so, Brigitt!‹ nicht recht gefallen, sind fast noch armseliger als der flotte, ehrliche Diagonalstrich, dessen sich reichlich viele Kollegen befleißigen. Am Ende steht dann – nach zehn Minuten – doch ein Sechs-, Sieben-, Achtzeiler. Und in schwierigen Fällen, Lasse, Yvonne E., muss ich sogar die Drucktype verkleinern, um den Kasten nicht zu sprengen.

Die LEBs also geschrieben. Jetzt kommen die Deckblätter dran. Für jemanden, der wie ich die 26 Zeugnisköpfe, Name, Geburtsdatum, Geburtsort, mitsamt Ausstellungsort und -datum im Rechner hat, eine Kleinigkeit. Zwanzig Minuten.

Leider werden vier geschlagene Stunden draus! Wasser auf Eckhard Schöllers Mühlen. »Unsäglich« findet es Eckhard, dass die Schulleitung uns nicht längst eine Diskette mit einheitlichen und verbindlichen Zeugnisformularen in die Hand gedrückt hat.

»Es geht nicht an, dass jeder Kollege in seinem Kämmerlein das Rad neu erfindet«, sagt er in Schöllerscher Erregung. Dass es vom Zufall abhängt, wer in welchem Fach aus welchem Jahrgang durch die Pioniertaten gutmütiger Kollegen einigermaßen brauchbare Kopien zur Verfügung hat. Eine ungeheuerliche Vergeudung von Arbeitskraft! Und am Ende kommt doch nur ein riesiges Sammelsurium heraus!

»Wir leben schließlich im Zeitalter der Digitalisierung.«

Ich widerspreche Eckhard nur ungern, aber es regt sich so etwas wie Altersweisheit in mir; die will raus.

»Von der Keilschrift bis zur Überwindung von Sütterlin«, sage ich (durchaus nicht wörtlich), »haben wir 5000 Jahre gebraucht. Von meinem ersten Gekrakel auf der Schiefertafel bis zum letzten Schreibmaschinenanschlag weitere 50 Jahre. Und jetzt, wo die Umwälzungen alle fünf Monate kommen, sollten wir uns da nicht ein wenig Zeit nehmen und jeder für sich in seinem eigenen Tempo den Fortschritt, der da so wundersam auf uns Unbedarfte niedergeht, erarbeiten, verkraften, genießen? Die digitale Schule kommt noch früh genug.«

Zurück in mein eigenes Kämmerlein. Das Zeugnisdeckblatt, wie es Eckhard vorschwebt, in toto auszudrucken, will mir nach wie vor nicht gefallen. Also habe ich mir wohlweislich vier Dutzend Deckblätter (aus Ulrich Angangs Formularschrank) gegriffen, und kann nach Einsetzen des neuen Datums ans Ausdrucken gehen. Ergebnis niederschmetternd! Nichts passt. Bin ich an ein neues Layout geraten? Hat meine Festplatte schlapp gemacht? Nein, das alte Deckblatt ist nur neu gedruckt worden. Dabei ist der Text zwei Millimeter in die Höhe, drei Millimeter nach rechts gerutscht. Genug, um mich zur Verzweiflung zu treiben! Und, er hat sich gedreht, um ein unmerkliches Grad. Unmerklich, solange man nichts reindruckt. Aber wehe, ein Satz wie ›entspricht den Erwartungen mit Einschränkungen‹ oder die gute alte Grundlagenförderung, in unnachahmlichem Pädagogenchinesisch als ›Projektorientierter Praxiskurs‹ neu formuliert, kommt von links in einem Millimeter Höhe angeschwebt und rutscht rechts voll in die Schreiblinie – dann ist Feinjustierung angesagt. Unterm Strich vier Stunden, unterm Schreibtisch zwanzig Blatt Ausschuss. Unterm …

… nächsten Morgen in den Bitterschen Ablagekästen? Meine Deckblätter die schönsten!

Dienstag, den 22. Januar

Yvonne Schmitt ist wieder auffällig geworden Eine kurze Mitteilung liegt auf meinem Platz, es ist Dienstag. Als ich sie studiere, kommt Ditta Förster selbst, die meldende Fachlehrerin, Naturwissenschaften, erläuternd auf mich zu.

»Ja, in die Weichteile. Florian. Während der Gruppenarbeit.«

Yvonne Schmitt hat also, während Ditta Förster eine andere Gruppe bei ihrem Chemieversuch betreute, ihre Gruppe eigenmächtig verlassen, ist zu einer dritten Gruppe am anderen Ende des Raumes gewechselt, um sich dort Florian vorzunehmen.

»Und die Weichteile«, erkundige ich mich zur Sicherheit, »sind die Geschlechtsteile?«

»Ja«, sagt Ditta in ihrer hochtonigen, etwas krächzenden Stimme. Sie habe es, wie gesagt, nicht selbst gesehen, aber weder Florian, schmerzgezeichnet, noch Yvonne in ihrem ehrlichen Trotz hätten einen Zweifel daran gelassen.

»Also, da müssen wir tätig werden«, sagt Anita von ihrem fernen Schreibtisch aus.

»Der Dame muss Einhalt geboten werden«, meint auch Hans-Peter.

Eckhard betritt das Lehrerzimmer, hört möglicherweise die von Anita ins Unreine vorgeschlagene Maßnahme, ›vorübergehende Versetzung in eine andere Kerngruppe‹, wird als potentieller Aufnehmer hellhörig, fragt: »Um wen geht's da?«

»Yvonne Schmitt, aus meiner Kerngruppe, wiederholtes Fehlverhalten, hat einem Mitschüler während des Unterrichts voll«, kleine Pause, »in die Eier getreten.« So offen kann ich sprechen.

Die Formulierung ›voll‹ wird übrigens von Yvonne bestritten werden. Jemand hat mit ihr ein ernsthaftes Gespräch geführt, Hans-Peter, Ditta oder Anita (wunderbar das Kompetenz-Splitting: Jeder handelt, keiner weiß Bescheid!). Ergebnis: Es war kein richtiger Tritt; es war mehr ein Tritt aus Versehen; Florian habe es auch gar nicht richtig weh getan, wir könnten ihn ja fragen.

Das genau tue ich nicht. Denn natürlich bin ich ein Mann mit ganz präzisen Phantasien: Yvonne ist, als sie merkte, dass wieder etwas Disziplinarisches auf sie zukam, zu Florian gegangen, hat sich lieb entschuldigt und ihn, vielleicht unter Versprechungen – mir Romantiker hätte ein Kuss vorgeschwebt – gebeten, den Vorgang in ihrem Sinne darzustellen. Florian, in ihre Augen blickend, hat nicht gewusst, was tun, hat vielleicht den Helden spielen wollen (›I can be your hero, baby‹), ist sowieso kein nachtragender Typ, und schon war die Welt in Ordnung.

Mittlerweile ist der Kurzbericht, der ohne jedes Kompetenzgerangel an mir hängen bleibt, längst in der Schülerakte; er wird heute Abend in einem telefonischen Vorab ans Elternhaus gehen. Und siehe da, als ich Yvonne das mitteile, sie in der Pausenhalle zusammen mit Hanna, Kerstin Graub, Lydi, Ille auf der Bank sitzend, sicherlich ein lecker Baguette essend, da bollert sie nicht los, da gibt's keinen Protest, sondern wie zum Beweis von irgendetwas guckt sie mich, wie sie Florian angeguckt hat, aus ihren dunklen, etwas nahe beieinander liegenden Augen an, als wolle sie sagen: »Tut mir leid, so bin ich nun mal. Tun Sie, was Sie tun müssen; aber vielleicht müssen Sie ja gar nicht.«

Die Mutter bei unserem abendlichen Gespräch war natürlich hell entsetzt, oder für den Fall, dass Yvonne schon gebeichtet hatte (ja, so war es), voll verzweifelter Resignation.

»Ist denn dieses Kind noch normal?! Tausendmal predige ich ihr: ›Yvonne, tue dies. Yvonne, tue das nicht. Yvonne, du musst endlich vernünftig werden. Yvonne, setz dich auf den Hosenboden. Und was ist? Nichts ist. Sie hört einfach nicht!«

Frau Schmitt ist am Ende. Sie will Yvonne zu einer psychologischen Untersuchung geben, ins Landeskrankenhaus, auf Anraten ihres Hausarztes.

»Ins Landeskrankenhaus?! Frau Schmitt, das ist nicht Ihr Ernst!«

Ich sage ihr, dass ich Yvonne für mehr als gesund halte, vital, im Vollgefühl ihrer Kräfte, auch ihrer kraftvollen Persönlichkeit, übermütig, frech, fahrlässig, faul, rücksichtslos. Alles. Aber nicht therapiebedürftig!

»Was sie braucht, ist eine spürbare pädagogische Maßnahme.«

Frau Schmitt hat ihre Zweifel. Ich ahne, warum. Wir in der
Schule haben Yvonne trotz allem unter Kontrolle, wir haben
die Autorität, wir können sie zur Ordnung rufen, ihr Strafar-
beiten geben, sie nachsitzen lassen und, wenn's uns zu bunt
wird, eine Konferenz machen. Frau Schmitt hingegen hat keine
Institution im Rücken (höchstens die uralte Mutterschaft im
Bauch), sie steht allein da, gegen Yvonne mit ihren coolen Sprüchen und wahrscheinlich eiskalten Ansprüchen. Irgendwann
versteht sie die Welt nicht mehr und verzweifelt. Und wehe, sie
baut dann Aggressionen gegen die Tochter auf! Dann zerreißt
es sie vollends.

Unsere Maßnahme wird tatsächlich die vorübergehende
Überweisung in eine parallele Kerngruppe sein. Und geläutert
wird Yvonne, da sind wir uns sicher, nach vierzehn Tagen in
die gut alte 7/5 zurückkehren.

Mittwoch, den 23. Januar

Entschuldigungen sind zwei Jahre aufzubewahren, so dürfte
es in irgendeinem Erlass lauten. Ich habe lange Zeit dagegen
verstoßen, indem ich alles umgehend in den nächsten Papierkorb geschmissen habe. Seit Beginn dieses Schuljahres habe
ich, in mich gehend, die folgende Methode entwickelt (genau
genommen von Microsoft abgeguckt): Ich schmeiße nach wie
vor in den Papierkorb. Wenn der Papierkorb, der in Wahrheit ein flacher, unter meinem Tisch baumelnder Holzkasten
und ehrlich gesagt einer der Bitterschen LEB-Ablagekästen ist,
überquillt, entleere ich ihn in eine Riesenplastiktüte, Format
C&A, und diese bewahre ich zwei Jahre hinter einem Lehr-
buchstapel im Schrank auf. Alles endet hier.

Heute allerdings gibt mir Jennifer ihre Entschuldigung für einige Fehltage in der letzten Woche in die Hand.

Hallo Herr Bauer.
Jennifer hat die Schule vom 7.1. bis 11.1. nicht besucht, da sie Angst und große Probleme mit ihren Klassenkameraden hatte. Sie hatte sich einsam und verlassen gefült.
Grß., B. Schade, Wob. den 23.01.2002

Dieses Schreiben auf sauber zurechtgeschnittenem Karopapier mochte ich nicht zu den übrigen legen. Ich lasse es bis auf Weiteres im Tagebuch oder klebe es ein. Wenn ich es einmal zur Hand nehmen möchte, weiß ich, dass ich lange hin und her blättern muss, so dünn macht es sich.

Donnerstag, den 7. Februar

Heute Abend, 19 Uhr, Musischer Abend. Alles ist aufgeregt in mir. Ich ahne einen Riesenerfolg, muss meine Gefühle dämpfen. Diese Euphorie ist nicht selbstverständlich. Lange Zeit waren wir – die Klasse, Hans-Peter Fuchs und ich – komplett am Schwimmen. Was haben wir zum Jahrgangsprogramm beizusteuern? Fünfzehn Minuten werden von uns erwartet.

»Rossaoau«, ulkt jemand in die Klasse, das ist Rossau auf Sächsisch. Niemand kann das so schön sagen wie Florian, der auch den Sketch gleichen Namens aufgetan hat: ein junger Mann – von irgendwoher zwischen Halle und Görlitz – in der Mangel des automatischen Auskunftdialogsystems der Deutschen Bahn AG.

»Bitte nennen Sie Ihren Ausgangsbahnhof und Ihren Zielbahnhof.«

»Von Bad Wörishofen nach Rossaoau (weiches, weiches s), morgen Middach.«

»Sie planen eine Reise von Bad Wörishofen nach Goslar. Bitte bestätigen Sie mit ›ja‹.«

»Nein. Rossaoau.«

»Bitte nennen Sie Ihren Ausgangsbahnhof und Zielbahnhof.«

»Rossaoau. Von Bad Wörishofen nach Rossaoau.«

»Der von Ihnen gewünschte Zielbahnhof ist nicht Teil des Netzes der Deutschen Bahn AG.«

»Aber ich bin doch hergekommen von Rossaoau, vor zwei Wochen. Jetzt muss ich zurück, von Bad Wörishofen nach ROSSAOAU.«

»Sie planen eine Reise von Bad Wörishofen nach Goslar. Bitte bestätigen Sie mit ›ja‹.«

»Also, jetzt hörn Se emal uff. Das hadden wir doch schon. Rossaoau! Oder warten Sie. Wie komm‹ ich denn von Goslar nach Rossaoau?«

Und so weiter. Das wollen wir nachspielen. Das ist witzig. Mir stehen die Tränen in den Augen.

»Aber«, fällt mir ein, »die Szene dauert maximal fünf Minuten, von 15. Und beteiligt sind zwei Schüler, unsichtbar, von 25.« Gewünscht ist eine Gemeinschaftsleistung.

»Wir denken uns weitere Szenen aus. Am Bahnhof.«

»Ja, macht mal.«

Diesen Planungsstand hatten wir Ende Januar erreicht. In der nächsten Woche kam der Euro dazu.

»Ich hätte gern zweimal Tomateneuro.«

»Wie bitte?«

»Tomateneuro, zwei Dosen.«

Das ist gut, finden die Kinder. Erst Rossaoau, dann der Euro, im Reisesupermarkt. Und vielleicht eine Szene mit einem Penner in der Bahnhofshalle.

Ich weiß, dass der Euro-Gag nicht trägt, warne wohl auch, sage aber: »Macht mal.«

Drei, vier geben anderntags Entwürfe ab. Da werden von einem Jungen namens Mark nicht nur Tomatenmark, sondern auch Markisen gekauft, eine Reise nach Dänemark wird gebucht. Lara, Victoria, Yvonne, die schlausten Köpfe, jede schreibt eine volle dreiviertel Seite. Textmarker, Marktlücke, Knochenmark, die Marx Brothers. Ich habe sogar mein Rückwärtiges Wörterbuch mitgebracht (»Huch! Wie geht denn das?«), das bringt vielleicht noch ein, zwei Items. Telemark ist eins davon. Was ist Telemark?

»Wisst ihr, was ich glaube?«, wage ich mich vor. »Es ist vergebene Liebesmüh. Die Szenen sind gut und schön. Die Schreiberinnen haben sich viel Mühe gegeben. Trotzdem ist das Ergebnis für eine Show nicht gut genug. Nicht lang genug, nicht spielbar, nicht verstehbar, nicht witzig.«

Natürlich sehen sie es selbst.

»Wir müssen uns was Neues ausdenken.« Aufgabe für alle.

»Ich will ja keinen Druck machen«, sagt Hans-Peter später im Lehrerzimmer, Anorak und Freizeitmütze vom Haken nehmend, »aber wir befinden uns unter, ich sag mal, einem gewissen Zeitdruck. Am Freitag müssen wir zu Potte kommen.«

»Ich hätte eventuell noch etwas in petto. Lass dich überraschen.«

Was ich in petto habe, ist peinlicherweise das Uraltmärchen vom Zwiebelbrett, das ›Märchen zum Schreien‹, wer sich erinnert. In dem es darum geht, die Hand der Königstochter zu erringen, indem man sie ›zu den schönsten Tränen zu rühren‹ im Stande ist. Das gelingt natürlich keinem der hochtrabenden Freier. Aber schließlich ›kam einer daher, ein junger Bursch, der hatte seiner Mutter, bevor er sich zum Freien aufmachte, …‹ ja, was hatte er? Wird nicht verraten; ein bisschen Arbeit muss sein:

Schließlich kam einer daher, ein hübscher Bursch,
»Was fällt dem Lümmel ein?«, schrie er,
Als er die Prinzessin vor sich sah,
seiner Mutter ein Brett Zwiebeln geschnitten.
Der König sprang auf vor Zorn,
und gab ihr von Herzen einen Kuss,
und alle Minister mit ihm.
Er fasste die Prinzessin beim Gesicht
der hatte, bevor er sich zum Freien aufmachte,
vergaß er alles, was er hatte sagen wollen.
»Er rühre meine Tochter nicht an. Ab in den Turm mit ihm!«

Als die Palastwache zugriff,
und die Prinzessin und ihr Bräutigam
und tausendmal schöner als Tau.
da war es viel zu spät.
Was blieb dem König,
Sie weinte Tränen hundertmal silberner als Silber
waren glücklich hundert Jahr.
Längst hatte es bei der Prinzessin seine Wirkung getan.
Anderntags verkündete der erste Minister die Hochzeit,
als seinen Segen zu geben?

Nie, nie, ich weiß es, soll man einer Klasse mit Aufgewärmten kommen, und wenn sie es einem, wie damals vor dem Weihnachtsbasar, schon einmal abgeschmettert haben, dann natürlich schon gar nicht.

Ich tue es dennoch.

»Damit wir am 7. Februar nicht mit leeren Händen dastehen. Es ist ein Angebot.«

Ein zweifelhaftes Angebot, das spüre ich. Die Klasse voll ratloser Gesichter.

»Herr Fuchs soll entscheiden«, schlage ich vor. »Er kennt das

Märchen nicht; er kennt die Vorgeschichte nicht.« Blick zur anderen Seite des Lehrertischs. »Herr Fuchs, was meinst du?«

Herr Fuchs braucht Zeit, na klar, denn er weiß wirklich von nichts. Und sagt nach einigen Minuten der Versenkung ja. Dem besonderen Charme des Märchens dürfte er unter dem Druck der Verhältnisse noch nicht erlegen sein. Aber er sieht die Idee, sieht die Umsetzbarkeit. Also beschlossene Sache.

»Warum machen wir nicht ›Hänsel und Gretel‹ auf Kanakisch?« Laras Vorschlag.

»Warum spielen wir nicht ›Die größte Schau des Jahrhunderts‹? Das ist urlustig. Da kann man sich tausend Sachen dazu ausdenken.« Yvonne Ehrenstadt.

»Ich hab so eine CD zu Hause, von so einem Komiker. Das letzte Stück darauf heißt das ›Frühstück‹, das kann ich relativ gut nachmachen.« Kevin. Er meint wahrscheinlich einen Comedian, Stefan Raab, Atze Schröder oder so, ist schon mitten drin im Vortrag. Nicht schlecht gemacht, etwas zynisch, etwas zotig.

»Jaa«, sage ich, »den letzten Gag müssten wir natürlich rausschneiden.«

»Oah, Herr Bauer!«

»Was die Kanakszene angeht«, jetzt Hans-Peter, »da habe ich meine Bedenken.« Er denkt an die ausländischen Mitbürger und -bürgerinnen im Publikum und das, »was man politische Korrektheit nennt«. Natürlich spricht er mir aus der Seele.

»Wisst ihr was?«, sage ich drei Minuten vor dem Gong. »Am Mittwoch, einen Tag nach den Halbjahresferien, wird entschieden. Endgültig. Wer sich für irgendetwas stark macht, bringt einen Entwurf mit. Nichts anderes geht. Seid ihr damit einverstanden?«

Nicken.

Ab Mittwoch nach den Ferien natürlich grünes Licht für das ›Märchen zum Schreien‹. Die einzig mögliche Scriptwriterin,

Lara, ist krank, weswegen Hans-Peters Wort von der Eleganz unserer Entscheidungssteuerung nicht ganz so strahlt wie er selber. Also an die Arbeit!

»Pappstreifen. Ich brauche 50 möglichst lange Pappstreifen«, habe ich – im Vorgriff – schon im Fahrgemeinschaftsauto verkündet. »Wer kann mir helfen?«

Lisette Kunka hat im UNESCO-Raum einen Rest Pappen, da soll ich mich bedienen dürfen. Und Hans-Georg, unser Recycler, zeigt mir, oder ich entdecke selbst, auf dem Brunnenvorplatz einen Riesenstapel achtlos zusammengeschmissenen Verpackungsmaterials liegen. Die Aufschrift N21 kündet von der digitalen Vernetzung unserer Schule. Internet meets Fairytale, das hat was. Schnellstmöglich werden die Pappen geborgen, denn es ist ein feuchter Tag.

Ab sofort ist der Stundenplan außer Kraft: das Fach Deutsch, Hans-Peters Kunstunterricht, die AS-Stunden sowie jegliche Vertretung stehen im Zeichen des ›Märchens zum Schreien‹. Es werden Textstreifen ausgeschnitten und zusammengefügt (›ließ der König durch seinen ersten Minister verkünden‹), dann auf die Pappstreifen geklebt. Scheren klappern, Prittstifte rollen.

»Große Ereignisse werfen ihre Schatten voraus«, – wie oft höre ich das im Lehrerzimmer, wo ich die Freistunden mit Sortieren, Gruppieren, notfalls Nachschneiden (Cutter auf stadteigenem PVC-Fußboden) von Armen voll Pappstreifen verbringe. Ich versuche, nur nach innen zu strahlen, nur meinen Stolz nicht zu zeigen, mich nicht zu verraten. Wer es wissen will, dem erkläre ich knapp das Prinzip der Show: zehn Pappenheimer auf der Bühne, Textstreifen in der Hand, Nummer auf dem Bauch, gehen auf Zuruf des Publikums nacheinander zur großen grünen Stellwand (in Wahrheit vier kleinen), wo nach und nach das Märchen angepinnt wird.

»Welches Märchen?«

»Na, das hier.« Ich greife von oben. »Tränen hundertmal silberner als Silber und tausendmal schöner als Tau.«

»Klingt interessant.«

Die Wahrheit ist, es ist wunderschön. Wenn doch erst die Aufführung wäre! Wenn doch die Mütter erst schreien wollten! Jawohl, schreien. Jawohl, Chaos. Dann gebanntes Lauschen, wie im Chor verlesen wird. Stimmung. Rührung. Vorerst stehen zwei der Tafeln im Klassenzimmer, die Stecknadeln stecken, die Kinder prägen sich murmelnd ihre Sätze ein, Enrik und Diane, unsere Spielleiter, memorieren je ein kleines Manuskript. Ach, wie wir einen Erfolg brauchen können! Endlich einmal sollen die Kinder, im tosenden Applaus sollen sie erfahren, dass es mehr gibt als die Medien, dass Konzepte, Texte, Arbeitsblätter nicht nur Papier sind, sondern leben wollen, und dass schließlich, wenn ihr alter Lehrer eine Idee hat, sie sich ein bisschen darauf verlassen können.

»Die Hauptsache ist, dass ihr auf der Bühne den Text nicht verdeckt!« Noch als ich den ersten Schwung Schüler mit einem imaginären kollektiven Klaps auf die Bretter schicke (verhängnisvolle Metapher), habe ich ihnen das eingebläut.

Halten sie sich daran? Nicht so recht, wie ich, hilflos aus dem Off gestikulierend, feststelle. Aber hat es daran gelegen? (Was ist ›es‹?)

Nein, hat es nicht. Auch Michael ist nicht schuld, der durch sein nur flau entschuldigtes Fernbleiben die Reihenfolge der Pappen böse ins Wanken gebracht hat.

Unsere Spielleiter? Waren souverän. Enrik sogar high, verliebt in sein Mikro, der einzige, der hinterher gestrahlt hat.

Es waren die Mütter! Haben nicht so sauber geschrien, wie sie hätten schreien sollen. Vieles war einfach nicht zu verstehen. Es hat sogar Söhne dieser Mütter gegeben, standen vorn rechts an der Bühne, die mit Absicht das Falsche gebrüllt haben. Hätte sie treten können!

Und zu lang war es.

»Du musst abkürzen«, höre ich Anita zischen. Abkürzen, jetzt? Unmöglich! Wir sind ja schon, fast, am Ende. Jetzt das Chorlesen der gesamten Elternschaft! Drei Minuten noch!

Ein Versuch das Ganze, eine Erfahrung, ein anerkennungswürdiges Abenteuer. Aber natürlich auch ein Märchen zum Weinen.

Dienstag, den 12. Februar

»Eine Frau hat für dich angerufen, eine Mutter«, erfahre ich, als ich gestern Abend von langer Wochenendfahrt aus Rerik zurückkomme. »Sie bittet um Rückruf.«

»Die hat so komisch geredet«, sagt Stella; da ahne ich, es war Frau Kreisler.

Es wird ein teures Gespräch, denn Frau Kreisler lässt sich mitten in einer Elternversammlung (»von unserem Zweiten«) auf ihrem Handy anrufen. Sechs Euro und.

»Da ham wir jetzt die Bescherung! Ich hab's Ihrer Frau ja schon erzählt.«

»Ein Fenster ist kaputtgegangen, höre ich?«

»Ja, Moment mal, das Fenster ist kaputtgegangen, okay, aber unser Nilsi, um ein Haar war der tot gewesen.«

»Frau Kreisler, erzählen Sie mir, was vorgefallen ist. Ich weiß von nichts. Es ist Montag, und ich bin ...«

»... grad erst aus dem Wochenendurlaub zurück. Ihre Frau hat's mir gesagt.« Vorwurf. Blaumachen, während in der Schule die Fenster zu Bruch gehen!

»Seit letzten Ostern stehe ich bei der Schulleitung auf der Matte, wegen dem Fenster, und jetzt dürfen Sie mal raten, was sich in der Zwischenzeit getan hat.«

Nichts hat sich getan.

»Frau Kreisler, um welches Fenster handelt es sich? Wer war beteiligt? Nils ist offenbar ...«

Dabei gewesen, wollte ich sagen. Und gleichzeitig zum Ausdruck bringen, dass die Fenster in unserem Klassenraum einen ziemlich unzerstörbaren Eindruck machen.

»Also, hören Sie mal, Nils ist gar nichts. Die saßen ja alle noch draußen im Flur, als es plötzlich drinnen gerumst hat, aber fragen Sie mich nicht, wie! Dabei hatte es längst gegongt. Nur Herr Fuchs war noch beschäftigt.«

»Also war es gar nicht in unserer Klasse!« Mir dämmert's allmählich.

»Nein. Oben im Kunstraum. Das hatte ich Ihrer Frau aber gesagt!«

»Beste Frau Kreisler, im Kunstraum! Was hat das Ganze dann mit mir zu tun?« Das war die falsche Reaktion. Ich bin schließlich der Klassenlehrer, und wir alle können unserem Herrgott danken, dass Nils noch am Leben ist, und Frau Sonschein ist ja den ganzen Abend nicht zu erreichen, und die Schulleitung, die können Sie vergessen, Herr Rölle hat gesagt, er kümmert sich, aber das tut er schon seit letzten Ostern. Und wenn Herr Fuchs sich nicht verspätet hätte ...

Dann wären die Kinder im Kunstraum gewesen, alles hätte brav an seinem Platz gesessen, und weil Nils genau vor dem kaputten Fenster sitzt, hätte dieses Fenster, das ein Kippfenster ist und sich oben gelöst hat, hätte es ihn genau auf den Kopf getroffen.

Ich ziehe die Luft durch die Zähne. Au weia, heißt das.

»Das ist kein Spaß, kann ich Ihnen sagen.«

»Um Himmels willen, Frau Kreisler!« Ich mime Betroffenheit, denn ihr forscher Ton geht mir so auf den Nerv, dass ich vorläufig nichts an mich ran lasse. »Seien wir froh, dass alles glimpflich abgelaufen ist.«

»Morgen um halb acht bin ich in der Schule und treffe Herrn

Rölle, falls der Hausmeister ihm Bescheid gesagt hat. Da möchte ich, dass Sie auch dabei sind.«

»Ich bin ab Viertel vor acht in der Schule«, so viel trotze ich ihr ab. »Treffen wir uns im Kunstraum.«

Am nächsten Morgen, heute, ist das Fenster mit Sperrholz vernagelt, oben neu verschraubt. Herr Beschke, der Hausmeister, steht dabei, zuckt die Schultern. Alles in Ordnung. Rölle, der nicht anwesend ist, wird außerdem den Raum sperren.

Als es gongt, verabschiede ich mich von Frau Kreisler und einer stumm dreinblickenden Frau Altmann, Klassenelternvertreterin, Mutter von René, mit dem Ausdruck der meinerseitigen Sorge um das Wohl unserer Kinder, auch dem Hinweis auf die unverantwortliche Sparpolitik des Schulträgers. Ich murmele noch das eine oder andere und bin weg.

Am Abend rufe ich Frau Altmann an, um ihr meinen Eindruck mitzuteilen, ich hätte die beiden in einer gewissen Verstimmung zurückgelassen.

»Na ja«, sagt sie, »als Sie sich mit der Bemerkung verabschiedet haben, Sie hätten Wichtigeres zu tun, da fanden wir das nicht so toll.«

»Ich musste zum Unterricht. Nichts anderes habe ich gesagt. Das müssen Sie mir jetzt glauben.«

Oder sagen wollen.

Freitag, den 22. Februar

Jetzt, wo meine 26 Schüler minus die drei Fehlenden, René, Jennifer, Kerstin Neumann, brav über ihrem Aufsatz sitzen, weiß ich, wie ich hätte unterrichten müssen. ›Bericht‹ hatte es in der kleinen Stoffverteilungskonferenz am Anfang des Schuljahres gelautet. Und mit einem Bericht habe ich wohl auch angefangen.

»Schlagt auf die Seite 48 im Lesebuch.«

›Fahrt in den Nebel‹, die balladenhafte Erzählung von der wundersamen Errettung eines Nachtexpresses, 200 Yards vor einer eingestürzten Brücke, durch einen an der Strecke winkenden Unbekannten, in Wahrheit – aber ist es wirklich die Wahrheit? – einem auf dem Lokomotivscheinwerfer verendenden Nachtfalter, dessen Flügelschlag in den nächtlichen englischen Nebel projiziert wird.

Was ist Wahrheit? Schon die Brücke als Severnbrücke auszugeben, ist Erfindung. Meine Erfindung, als die Aufgabe eine Woche später an die Schüler ergangen war, aus der Erzählung einen Zeitungsbericht zu machen.

»Welche Überschrift könntet ihr euch vorstellen?«

Da fängt es schon an! Ein Bericht soll sachlich, nüchtern, emotionslos sein; so hatte es an der Tafel gestanden. In der Schlagzeile ist aber um das Wort ›Wunder‹ kaum ein Herumkommen. Also gut.

›Wunder an der Brücke.‹ An welcher Brücke? Wo könnte sich der Vorfall ereignet haben? Von wo wäre dann der Nachtexpress gekommen? Was war sein Ziel?

Die Atlanten liegen auf den Tischen. Blätter, blätter.

»Ich hab England!«

Wirtschaftskarte von Europa.

»Sucht eine Spezialkarte von Großbritannien, auf der die wichtigsten Bahnlinien, Flüsse und Städte verzeichnet sind.«

Nach einigen Minuten emsige Stille. Aha, sie haben begriffen. Zufrieden gehe ich durch die Reihen. Was am Ende der Stunde auf ihren Blättern steht, ist allerdings fragwürdig.

»Meint ihr wirklich, Adrian und Enrik, der Zug könnte von der Irischen See gekommen sein?«

»Warum nicht? Einem kleinen Badeort mit Urlaubern.«

»Brigitt und Yasmen, bevor der Express nach Frankreich fährt, welche große Stadt müsste er denn erst einmal ansteuern?«

London wollen Brigitt und Yasmen nicht gelten lassen. »Das ist ja Riesenumweg!« Dem Eisenbahnnetz scheinen sie auch nicht recht zu trauen.

Vor allem aber klingt's nirgendwo nach Zeitungsbericht. Erlebnishaftes allenthalben, von Sonjas und Dianes ›wabernden Nebelschwaden‹ bis zu Nils' Räuberpistole, in der, bevor es zum Nachfalter kommt, erst mal ordentlich rumgeballert wird.

›Wunder an der Severnbrücke. 150 von Nachtfalter gerettet? Wer war der Unbekannte?‹ So lautet nach langer Tüftelei, 23.00 Uhr desselben Tages, meine eigene Schlagzeile. Der Nachtexpress kommt nicht von Schottland, wie ich es mir gewünscht hätte, sondern aus dem südlichen Wales. Die Severnmündung ist die einzige Vorgabe; alle anderen Ort-, Zeit-, Personenangaben, wörtlichen Zitate usw. sind zu ermitteln oder zu erfinden und in ein vorgegebenes Textgerüst einzugeben, das Ganze vom Arbeitsblatt ins Heft zu übertragen.

Eine schöne Aufgabe, könnte man meinen, während welcher man gern von Tisch zu Tisch ginge. Bei den Kindern jedoch Stöhnen!

»Woher sollen wir denn wissen, wie lang die Brücke war?«

Was die Hauptstadt von Wales ist? An welchem Bahnhof die Reisenden schließlich in London eintrafen? Mit wie viel Verspätung? Welche kaum beantwortbare Frage am Ende des Tages immer wieder gestellt wurde?

»Herr Bauer, das ist so schwer!«

Ich selbst hadere mit ganz anderen Dingen. Mein Superartikel ist nämlich alles andere als ein nüchterner Bericht geworden; es ist eher eine Reportage, in der es zwischen den Zeilen zu leben beginnt. Wie daraus in zwei Wochen einen Testaufsatz machen, wenn mir selbst die Kriterien durch die Lappen gehen?! Gibt es ein Zurück?

»Den Zeitungsartikel bitte bis Freitag fertigstellen.« Aufgabe an mich: Hefte einsammeln, durchsehen, bewerten.

Ein Zurück gibt es für jemanden, der eine schon anrüchig organische Auffassung von Unterricht hat, natürlich nicht. Längst treibt das Thema neue, absonderliche Blüten.

»Ein Nachtfalter wirft das Schattenbild eines winkenden Menschen. Wie soll das gehen?« Unklar, wer diese Frage gestellt hat (Schüler oder Lehrer?). Unklar auch, ob wir sie beantworten können. Biologische Erwägungen kommen ins Spiel: Wie schnell winkt ein Mensch, wie schnell schlägt ein Insekt mit den Flügeln? Optisch-physikalische Erwägungen: wie groß, wie klar umrissen? Sonstige Erwägungen: Wie lange reist das Schattenbild mit, im Gegensatz zum Winkenden, den der Zug in Sekundenschnelle passiert?

Spätestens bei den Erwägungen Nr. 2 hätten wir den Physiksaal stürmen müssen, einen tellergroßen Parabolreflektor montieren, eine Lichtquelle platzieren, ein Stück Kreide als Insektenstellvertreter in 20 cm Entfernung sterben lassen. Raum verdunkeln, Licht … an! Stattdessen gongt es, der Tafeldienst löscht ein hilfloses Schaubild. Fragen über Fragen.

Die sich im Umfeld eines Zeitungsberichts am besten wo artikulieren lassen? In Leserbriefen, richtig! Leserbriefe, unser neues Betätigungsfeld. Und ab sofort Aufsatzstoff.

Reverend Frederic F. Quayle, z. Zt. London, hat sich längst ans Schreiben gemacht. Hat den Zeitungsbericht (unseren Zeitungsbericht) ›mit Ergriffenheit, aber auch Bestürzung‹ gelesen und beklagt, dass der Berichterstatter den Nachtfalter, dieses bescheidene Werkzeug des Allmächtigen, als eine von vielen Möglichkeiten mit einem Riesenfragezeichen versieht, wo doch Gott der Herr, wenn es sein Ratschluss ist, 150 Menschenkinder, darunter zwölf Geistliche auf dem Wege zum Anglikanischen Weltkongress, zu erretten … ja, wie hab ich's gleich formuliert? Es war ein pointiert pastoraler, nicht unsatirischer

Schluss, in dem Jockel sogar etwas Melodramatisches feststellen wollte.

»Unterstreicht alle Wendungen, die ihr so oder ähnlich in
einem eigenen Leserbrief verwenden könntet.«

Mit Interesse, mit Ärger, mit Befremden, nicht ohne Be-
lustigung habe ich Ihren Artikel ›Jürgens-Pieper will Sitzen-
bleiben abschaffen‹ gelesen. So wird es bald heißen können.
Die Zeitungen arbeiten gegenwärtig das Thema ›Versetzung-
Nichtversetzung‹ ab; wir desgleichen. Lesen, Texterschließen,
Diskussion, Kurzdiktat, Diskussion, Leserbrief.

Dann mein kleines, freches Meisterstück ›Nürgens-Lieber
will Gesamtschulen abschaffen‹. Ein Paralleltext zum Sit-
zenbleiber-Artikel. ›Paralleltext‹, sollte das schon der Begriff
sein? Man lässt alles stehen an Struktur, Formulierung, was
geht. Das erzeugt Authentizität, das schafft den Bluff. Der
Rest ist Erfindung. Spaß macht beides, – jedenfalls mir in
jener Mittagspause, als ich den Text zweispaltig in Times
Roman in den Lehrerzimmercomputer haue. Die Schüler?
Könnten sich durch Imitation in Diktion und Aufbau üben,
könnten andererseits ihrer Phantasie, ihrer Kritiklust, ihrer
Ausdrucksfreude freien Lauf lassen. Und können fast nicht
scheitern. Ein neues Kapitel Didaktik ist geschrieben!

Leider ist das der Aufsatz noch nicht. Gnadenlos wird es
ein Leserbrief sein. Um ihn leichter zu machen – denn natürlich überfordere ich – soll er sich auf eben den ›Nürgens-
Lieber‹-Artikel (›will Gesamtschulen abschaffen‹) beziehen,
ein geübter Aufsatz also. Dennoch ahne ich, wo ich jetzt die
Klasse brüten sehe, Böses. ›Ineffektiver, kosten- und personal-
intensiver Schultyp‹, das werden sie kaum verstanden haben.
›Scheiternde Differenzierung, fehlender Leistungsgedanke‹,
sagt ihnen das was? ›Soziale Lernziele‹, können sie damit ope-
rieren? Sicher bin ich nur, dass sie einleitend ihr Befremden
zum Ausdruck bringen (peinlich!) und im Hauptteil die Mi-

nisterin für ihre schlimme Müll- und Vandalismusattacke geißeln werden.

Dienstag, den 26. Februar

Terrible ist bekannt. Horrible ist bekannt. Awful ist bekannt. Dreadful ist nicht bekannt.

»What's the meaning of ›dreadful‹?«

(Hieraus ist zunächst zu entnehmen, dass ich nach Silvanas Fachleiterbesuch Classroom Phrases eingeführt habe. Und benutzen lasse. Besonders seit mittlerweile der A-Kurs Englisch von meiner alten (22 Jahre alten) ehemaligen Leistungskursschülerin Lena Seipert anhospitiert wird.

»Dreadful? Well, – look at the weather outside, isn't it dreadful? School is dreadful. And, Victoria, boys. Boys are dreadful things, too, don't you think?«

Victorias Kommentar, wenn es einen gab, wird nicht gehört. Denn aus der letzten Reihe, genau gesagt von Colin aus der 7/3, kommt der Satz, er steht förmlich im Classroom:

»Boys HAVE dreadful things.«

Das ist der Beweis (See, Victoria?). »From Colin's remark we can tell that boys are really, really dreadful. Put it on the board, Victoria.«

Freitag, den 1. März

Es ist ein Kreuz. Ob wir eine neue Sitzordnung machen, ob wir die Kerngruppenfahrt planen, was auch immer, – ich kriege mein Fett ab! Mittlerweile kann ich mich über manches hinwegsetzen, besser gesagt, ich kann mich mit dem Lehrerstuhl einen halben Meter zurücksetzen, die Hände in den Schoß

legen und an die Decke gucken. Herr Fuchs, übernehmen Sie!
Sogar dazu lächeln.

»Ja, lächeln, das können Sie!«, sagt Diane mit bösem Blick.

»Na, Gott sei Dank«, erwidere ich bitter .

Bitterkeit ist das Wort. Was lässt diese Klasse an mir aus?
Was habe ich ihr getan?

In Sachen Sitzordnung bin ich für sie durch die Stadt gelaufen, auf der Suche nach einem erschwinglichen Magnetbord, habe schließlich aus dem eigenen Küchenherd ein Backblech entnommen, das jetzt an zwei bereits vorhandenen Bohrlöchern (Sollte die Welt doch in Ordnung sein?) an der Klassenwand festgenagelt hängt.

»Sie machen ja sowieso nur, was Sie wollen!«

Diane bezieht sich auf meine Reaktion auf Enriks Vorschlag, Tischgruppen einzurichten. Ich habe darauf hingewiesen, und die Klasse hat es ihm durch ein leises Stöhnen schon vorher bedeutet, dass wir das alles hinter uns haben, dass die Lehrer irgendwann dagegen waren.

«Zum Beispiel neulich, als Sie unbedingt Ihre Idee durchsetzen mussten, obwohl alle aus der Klasse«, Dianes Augen springen mir wie runde Eiswürfel entgegen, »alle, Herr Bauer, dagegen waren.«

»Welche Idee meinst du?«, frage ich.

»Na, neulich, Ihre komische Idee, … was weiß ich?«

Ich komme ihr zu Hilfe. »Der musisch-kulturelle Abend? Unser Märchen? Das du ganz gern … und ganz gut …«

»Genau! Und deshalb sehen wir gar nicht ein, warum wir keine Tischgruppen haben sollen.«

»Ja, Tischgruppen!« Die ganze Klasse will Tischgruppen.

»Moment mal«, sage ich. »Bis eben hatten wir einen Vorschlag, nämlich, dass Jennifer nach vorn in die Fensterreihe rückt. Und plötzlich, aus heiterem Himmel, schreit alles Tischgruppen, Tischgruppen!

»Na und? Wenn wir es eben wollen.«

Hans-Peter schaltet sich ein. Sagt, dass das letzte Wort die Lehrer haben. Dass eine Sitzordnung dem Unterricht dienen muss. Und dass wir uns bitteschön alle um Einvernehmlichkeit bemühen sollen.

Diane denkt gar nicht daran, sich jetzt Hans-Peter vorzunehmen. »Von wegen, aus heiterem Himmel!«, pulvert sie. »Enrik hat ja sogar eine Liste rumgehen lassen:«

»Eine Liste für Tischgruppen?«

»Ja, letzte Woche.«

»Davon weiß ich nichts.« Fragender Blick rüber zu Hans-Peter.

Sie wissen ja so manches nicht, wird nicht gesagt; ich höre es dennoch. Ich mahne ein bisschen mehr Offenheit und Vertrauen an. »Denn sonst«, sage ich, »können wir den Laden hier dichtmachen.«

Schweigen in der Runde.

»Stimmung mal wieder auf dem Nullpunkt«, bemerke ich, gucke die Decke ab. Als von der nichts kommt, schaue ich erneut zu Hans-Peter hinüber. »Was tun?«

»Jennifer setzt sich am besten erst mal nach vorne. Dann sehen wir weiter«, sagt Hans-Peter. Life can be so simple.

Diane ist die eine, Yvonne Ehrenstadt die andere.

»Zum Mond schießen könnte ich sie!« Zu dieser Formulierung, immerhin, versteige ich mich in der Verschwiegenheit des Lehrerzimmers. Und gemeint ist im Zweifelsfalle zuerst einmal Yvonne. Kaum eine Unterrichtsstunde vergeht, ohne dass sie mich mit ihrem Blätterreißen, Nachrichtenschreiben oder, am schlimmsten, mit ihrer ›Ich-möchte-jetzt-bitteschön-nichts-sagen‹-Miene zur Weißglut treibt, kaum eine Unterrichtsituation, in der sie nicht mit einer knappen Körperwendung und einem unschönen mundwinkelnahen Knick in der Oberlippe einen Mitschüler anfaucht.

Heute aber, wo es um die Sitzordnung geht, hat Yvonne selbst zu bangen. Kerstin Neumann und Yvonne, seit drei Wochen ein Herz und eine Seele, müssen dringend auseinander gesetzt werden, angekündigt. Yvonnes Drohung, dass sie dann die Schule verlassen werde, klingt mir noch im Ohr.

»Also, Yvonne, Kerstin, wohin mit euch?«

Entsetzen in beiden Gesichtern. Yvonne sinkt ein wenig zur Seite und beginnt zu weinen. Kerstin reicht ihr ein Taschentuch, – nein, sie beugt sich halb über sie, schützend, und wischt ihr die Tränen. Streicheln, peinliches unterrichtsbegleitendes Streicheln, zehn Minuten lang. Du meine Güte, sie sollen sitzen, Gift verspritzen, wo sie wollen, wenn sie mir nur diesen Anblick ersparen!

Am Ende der Stunde schlage ich, und Hans-Peter schlägt mit, Bewährung bis Ostern vor. Ich weiß es nicht besser.

Diane und Yvonne. Furie, Hexe, Primadonna. Wo bleiben eigentlich die 24 anderen? Wo bleiben Yasmen und Brigitt, Enrik, Benni, René, Lara, Kerstin Graub? Die Lieben, die Braven? Übersehe ich sie? Sollte ich die nicht stärker berücksichtigen (im Unterricht und im Tagebuch), die mir wohlwollen?

Falls sie mir wohlwollen; denn stumm auf den Stühlchen sitzen und über die sauber geführten Hefte streichen, während der Lehrer von den Zicken unter Beschuss genommen wird, das kann es ja auch nicht sein!

Freitag, den 1. März

Nachsitzen. Wie schön, dass es Konstanten im Leben gibt!

»Du bleibst nach der Schule da und wirst die sechs Kästchen noch einmal rechnen.«

Tränen, auf holziges Papier geweint, machen die ungelenk mit sperrigem Federhalter geschriebenen Ziffern nicht leserlicher. Tintenfinger. Holzgeruch. Nachsitzen!

Heutzutage ist allerdings der Vorlademodus ein anderer. Umständlichste Elternbenachrichtigung mit sauber unterstrichenen Angaben, wann, wo, warum ›die versäumten Lernziele nachzuholen‹ sind. Adressensuche, Bangen um rechtzeitiges Eintreffen. Ein leichtes Bangen auch, ob die Eltern tatsächlich das gewünschte ›Verständnis für diese erzieherische Maßnahme‹ aufbringen werden und nicht etwa einen lange geplanten Familieneinkaufsnachmittag oder gar den Kieferorthopäden im Terminkalender haben.

Ein Lächeln kommt erst auf, wenn man Kopien für weitere Elternhäuser in den Rechner gibt; denn wegen eines einzigen Schülers den Nachmittag zu opfern, das geht einem wider die ökonomische Natur (da wird sich doch wohl ein zweiter, dritter Lauser finden, der es an der nötigen Arbeitshaltung fehlen oder sich gar ungebührliches Verhalten zu Schulden kommen lässt). Aber Vorsicht! Alle Namen wollen geändert, alle Personalpronomen angepasst, notfalls individuelle Modifikationen eingebaut sein! Die freche, aber sauber schreibende Yvonne ›wegen seiner katastrophalen Heftführung‹ einzubestellen, das darf nicht passieren!

Diese quälende Praxis habe ich mit Datum vom 20.02.02 in einem Schreiben an die ›lieben Eltern der Kerngruppe 7/5‹ durchbrochen. Thema: Arbeitsstunde. Wir sind nämlich ›leider von einer sinnvollen Nutzung dieser Fördermaßnahme weit entfernt. Allzu selten gelingt es, die nötige Arbeitsruhe in der Gruppe herzustellen. Das Ergebnis zeigt sich in einer viel zu großen Zahl nicht abgegebener, unordentlich oder fehlerhaft angefertigter Arbeiten‹. Es folgte eine Vier-Punkte-Liste, wie ich mir Arbeitsstunden vorstelle (Punkt 4: ›Gespräche im Flüsterton‹) und abschließend die Ankündigung, ich werde ab sofort

›alle Schülerinnen und Schüler, die die geforderte Arbeitsdisziplin vermissen lassen, am jeweils folgenden Freitag ab 14.00 Uhr zur Einübung der Arbeitsweisen des AS-Unterrichts in die Schule bestellen‹. Auch würde ich mich freuen, wenn die Eltern ›eine rechtzeitige mündliche Information durch Ihr Kind für ausreichend erklären‹. Mit Bitte um Verständnis und herzlichem Gruß. Rückmeldungsabschnitt. Womm!

Jetzt erscheinen also montäglich zwei, drei Namen, in Rot, auf dem Aufgabenblatt am AS-Brett. Und am Freitag drauf die aufgeführten Personen am Lehrerzimmer, pünktlich, gut gelaunt und kein bisschen kleinlaut, wie ich es mir vielleicht wünschen würde.

»Setzt euch jedes an einen Tisch!« (im verwaisten Lehrerzimmer; die ganze Schule ist ja leer gefegt; wir müssen sogar zusehen, dass wir vor Toresschluss, halb vier, raus sind) »Nehmt eure Aufgaben vor.«

Ruhe herrscht. Ich gehe meinen eigenen Dingen nach. Sobald sich nur leiseste Geselligkeit regt, unterbinde ich sie, falls nötig mit düsteren Andeutungen. Der Erfolg der Aktion stellt sich schlagartig ein: Abgaberaten von annähernd 100%, ›voll erreichte‹ Leistungen von ansonsten arbeitsverweigernden Schülerpersönlichkeiten (z. B. Yvonne Ehrenstadt, für die mir auch ein ›erreicht‹ genügt hätte) und immer wieder Arbeitsstunden, in denen tatsächlich gearbeitet wird.

Nachsitzen, eine segensreiche, eine schöne Einrichtung. Ich wollte nur, sie fände nicht, müsste nicht stattfinden am Freitagnachmittag! Ich wollte auch, ich müsste nicht bekennen, dass ich manches Geschriebene (»Legt es dort ab. Ich will sehen, was ihr geleistet habt«) ungeprüft in den Papierkorb schmeiße. Schließlich wollte ich, dass wenn Yvonne Schmitt, wie beim allerersten Termin, auf der Liste steht, sich auf Deubel komm raus weitere Sünder finden; denn mit der Spitzbübin allein eineinviertel Stunden lang in der Riesenschule, das hat, wenn man anfängt nachzudenken, was ich nicht einmal tue, etwas Gespenstisches.

Montag, den 4. März

Hallo Herr Bauer!!! Ich bins Lydia als ich gestern zur Schule gekommen bin gings mir auf deutsch gesagt ziehmlich »scheiße« wenn Sie wollen können Sie Frau Blümle fragen. Mit freundlichen grüßen Lydia

So lag's im Fach, so lese ich's auf dem Weg ins Haus A. Brille in Position gerutscht, also ich eigentlich blind, nicht nur für die Stufen rauf und runter, sondern auch für das mich begleitende, mir begegnende jugendliche Gewese. Bin ich entsetzt? Fasziniert? Geschmeichelt? Heilloser Formmangel, unbedarfte Spontaneität, Urvertrauen?

»Oh, Herr Bauer!«, sagt Lydia halb flehentlich, halb vorwurfsvoll. »Mir ging's aber wirklich schlecht.« Ihre Haare in Richtung blond gefärbt, Augenmakeup, freie Nabelpartie unter einem Billigflausch von Jacke, dazu das treuherzige, unfertige Gesichtchen, Kulleraugen. Barbie ohne Barbiebusen. Ich glaube ihr jedes Wort. Spüre die Egozentrik, die komplette Eigengesetzlichkeit. Kein Grund sich zu verstellen. Egal, ob sie erkältet, übernächtigt, fertig mit der Welt war, Unterleibsschmerzen oder Migräne hatte, das muss anerkannt werden. Und wenn sie sich ›scheiße‹ fühlt, dann muss sie das natürlich genau so schreiben dürfen.

So sind sie, denke ich, so empfinden sie, so reden sie, und so geben sie es ihrem Lehrer schriftlich. Wenn man etwas dagegen sagt, – ja, was dann? Schauen sie einen verständnislos an? Widerworte? Muss man froh sein, wenn sie nicht mitten im Gespräch auf dem Absatz kehrtmachen?

Nicht so Lydia. Als ich ihr sage, unter Vorhaltung des fraglichen halben DIN-A4-Zettels, dass sie sich in Zukunft, wenn sie etwas Schulisches zu schreiben hat, einer etwas gepflegteren Ausdrucksweise bedienen möge, da lächelt sie nur verlegen. »Kommt nicht wieder vor«, verspricht sie. Vielleicht noch eine kleine Entschuldigung, dann ist sie in die Pause entschwunden.

Mittwoch, den 6. März

Arbeitsstunden Erholstunden? Entlastungsdeputat? Trostpflaster für sich schindende Klassenlehrer? Bonbon in der wöchent- für wöchentlichen Stundenplanbitternis?

»Hallo, liebe Kinder. Nehmt eure Aufgaben vor und arbeitet. Wer Fragen hat, fragt im Flüsterton die Nachbarin. Oder kommt leise nach vorn. Oder noch besser, grübelt selbst ein wenig; denn – das wollen wir nie vergessen – die Arbeitsstunden dienen eurer Erziehung zur Selbstständigkeit.«

So müsste in einer heilen Welt zweimal die Woche meine Begrüßung lauten. Die Wahrheit hört leider wie folgt an:

»Bitte jetzt auf die Plätze! Orientierungsphase vorbei. Ja, auch du, Florian! Wo kommt ihr zwei denn her, Yvonne und Kerstin? Was heißt das: Wir waren vielleicht auf Toilette? AS hat seit fünf Minuten angefangen! Morg'n erst mal, alle miteinander! Nein, Kevin, Michael, es wird drinnen geblieben. Eure LZK in Englisch interessiert mich nicht, Vokabeln könnt ihr zu Hause lernen oder sonst wo; hier habt ihr schriftliche Aufgaben. Habt ihr nicht? Herr Goedecke ist krank? Also gut, zehn Minuten raus. Yvonne, Kerstin, was ist? Warum geht's nicht los? Französisch macht ihr bitte erst, wenn alle AS-Aufgaben erledigt sind. Nein, was Französisch stellt, sind keine AS-Aufgaben. Hab ich euch das nicht schriftlich gegeben? Ja, im Elternbrief. Also bitte! O.K., ich spreche mit Frau Steffens, aber jetzt geht ihr an die Arbeit. Englisch: Kärtchen kleben. Deutsch: Bulle narrt Polizei. Mathe danach. Lara, Flüsterton!«

Wortmeldung von Yvonne Ehrenstadt. »Ich denk, wir sollen unsere Arbeit selber planen.«

»Natürlich sollt ihr das. Sag ich ja. Meine Empfehlung ist, ihr macht jetzt Deutsch oder Englisch, dann könnt ihr mich als Fachlehrer um Rat fragen.«

»Nö!«, Yvonne wirft sich zurück. Denkt gar nicht daran.

Ben muss auf Toilette (»Nein!«). Lara gibt über zwei Meter hinweg Mathehilfen. Yvonne Schmitt entdecke ich am falschen Ende des Klassenraums, leiht sich ein Deo aus. Oder Lippengloss? Haarspray?

»Einen Tintenkiller, Herr Bauer!« Triumph, spöttischer Triumph in ihrer Stimme. Tintenkiller, Plastikmetapher für Schülereinsicht, Lernfortschritt, für Ordnungssinn und allgemeines Wohlverhalten. Tintenkiller, das kann nicht sein, sage ich mir, schweige aber, denn: Tintenkiller werden geworfen, Spitz über Kopf, und landen nach schlitterigem Touchdown in aller Regel anderthalb Meter jenseits des Adressaten.

Ben muss erneut auf Toilette. Ein Blick auf die Uhr, zwanzig Minuten bis Stundenende. »Bitte schön«, sage ich (Wer ein zweites Mal fragt, darf. Meist wird es vergessen). Ben ist dankbaren Blicks und mit leicht beschleunigtem Schritt schon aus der Tür.

»Schick Kevin und Michael rein!«, rufe ich hinterher.

Yasmen kommt mit ihrem Mathebuch, lässt sich brav eine Gleichung erklären (»Als ich zur Schule ging, war Minus mal Minus Plus«). Yasmen nickt, etwas unsicher. Das abschließende Ergebnis x = 3 scheint uns annehmbar. Danke.

Ist die Gruppe während meiner Nachhilfe für Yasmen, die liebe Yasmen, unruhiger geworden? Überall wird geräumt, geredet, gerutscht, geräkelt. Dazwischen immer wieder der Lärm der Stifteboxen. Stifteboxen sind die seit einiger Zeit

›angesagten‹ länglichen, ein schlimmes Dutzend Bleistifte, Buntstifte, Füller, Tintenkiller fassenden Blechkästen. Vorbei die Zeiten der Geräusch schluckenden runden Wildledertäschchen. Vorbei, passé, out natürlich erst recht die aus buntem Nylontextil genähten, gefütterten, gesäumten Etuis mit den braven Gummibandschlaufen. Heutzutage herrscht wüstes Gekrame und Geklappere. Natürlich geht auch mal eine Stiftebox zu Boden, wie auch manches Buch oder rums! ein kippelnder Schüler.

So unsere AS-Stunden. Schrecklich! (Sollte ein neuer Elternbrief fällig sein?) Ich selbst könnte so nicht arbeiten. Die Schüler können's auch nicht, das spürt man. Dabei gibt es nie echten Lärm, nie Chaos. Es ist der ständige Geräuschpegel. Meist kann man nicht einmal jemanden benennen, als Schuldigen verwarnen, an die Tafel schreiben, zum Nachsitzen verdonnern. Es bleibt bei erhobenen Händen, erhobener Stimme. »Jetzt muss es aber wieder ruhiger werden!« Wird es, für zwei, drei Minuten. Was bleibt, ist die allgemeine Nervosität. Die drohende Disziplinierung. Die Restangst. Die Feindseligkeit. Erziehung zur Selbstständigkeit? Far from it.

Nur heute in der mittwöchigen 8. Stunde, AS, war alles anders. Alles ruhig. Alles schreibt. Bei Störungen unwilliges Zischen aus der Klasse. Unheimlich. Ich möchte mich mit einer vorsichtigen anerkennenden Bemerkung regen. Aber ich weiß, der geringste Mucks meinerseits kann alles zunichtemachen. Also bezähme ich mich, ertrage die Stille, die raschelnden Federn.

Eine Minute vor dem Gong ergreife ich flüsternd das Wort. »Was ist los heute? Das war eine Arbeitsstunde genau, wie sie sein soll. Wollt ihr eine Musterklasse werden? Wollt ihr mich rüber zu Aldi zwingen? Macht nur so weiter!«

Der Plan ist, wenn sich eine einzige solche Arbeitsstunde wiederholt, am Freitag vielleicht, in eigener Person zu Aldi rüber zu gehen und fünf Minuten vor Stundenende mit 25 Eistüten und 1 Bifi (»Immer René! Ungerecht!«) zurückzukehren.

Aber, um vorwegzunehmen, was authentizitätshalber einer eigenen Eintragung bedürfte, eine solche Stunde wiederholt sich nicht. Arbeitsstunden Schwerstarbeit.

Dienstag, den 16. April

Erster Schultag nach den Osterferien, – langen, erholsamen, sonnigen Ferien in Rerik. Für eine Schulanfangsdepression, sage ich mir, gibt es keine Veranlassung. Größere Probleme haben sich nicht aufgestaut und unterrichtlich bin ich durch den verschobenen Deutschtest (heute Übungsdiktat, morgen Testdiktat, übermorgen Rückgabe) bestvorbereitet. Dennoch habe ich das gestrige 1000-Meter-Schwimmen (denn seit letztem Sommer tue ich, 34 Minuten lang, allmontäglich etwas für meine dienstliche Fitness) ganz bewusst als seelische Entschlackung verstanden. Und dennoch bin ich in der Nacht mit entsetztem Blick auf den lahmen, lahmen Wecker wohl viermal aufgewacht.

Zum Lehrerleid die Autofahrernöte. Punkt sieben im leichten Nieselregen steht Hans-Georg mit seiner batteriestarken schwedischen Limousine im Rondell, wo wir in fahrgemeinschaftlicher Aktion den alten Daimler-Benz auf Trapp bringen, – lange Ferien auch für ihn.

Aufgeräumt in den Unterricht. Die Kinder sind nett, haben im Treppenhaus sogar zurückgegrüßt, so dass ich nicht zögere, vor aller Arbeit (»denn ihr wisst ja, morgen Diktat!«) von meinen kleinen Schulgedanken während der Ferien zu berichten.

Erstens, zum Wismarer Zoo (»Ihr erinnert euch?«), den wir Stellas wegen seit unserer Klassenfahrt jetzt wohl das fünfte Mal besucht haben.

»Und? Sind Sie wieder ins Wasser gefallen?« Erleichterung. Sie springen an.

Zweitens, zur Arbeitsstunde. Kniffliges Thema. Ich erzähle also von meiner Tagebucheintragung zu jener traumhaften Arbeitsstunde (»Ihr wisst ja, es wird alles schonungslos aufgeschrieben«), von meiner vagen Hoffnung, von meinen Aldi-Phantasien. Dabei gucke ich die Runde. Alles hört zu, eine ermahnungsfreie Situation. Aber Response? Kaum. Kurze Schwebe. Kommt noch etwas?

Ich bin froh, das Übungsdiktat auf dem Lehrertisch zu wissen.

»Der Verdener Korinthenraub (Teil 2). Schreibt.«

Während des Diktierens frage ich mich, was ich falsch mache. Ich weiß, wenn andere Lehrer ihre Kinder nur erwähnen – und ich habe von Stella im Zoo-Bähnle, auf der Tarzanschaukel, bei den Streichelziegen erzählt – schmelzen ganze Klassen hin.

»Süß! Müssen Sie mal mitbringen!« Bei mir nichts.

Und wenn ich meine kleinen Privatvergnügen offen lege, mein Innerstes nach außen kehre, mich bis aufs Tagebuch entblöße, dann horchen sie kurz auf, von mir aus, aber sie sind doch froh, und das will etwas heißen, wenn es ans Diktat geht.

Der Verdener Korinthenraub. Auch das eine Entblößung. Karls Eroberungspolitik in Sachsen und Norditalien im Lichte neuster Quellen, seine kaum bekannte Korinthenabhängigkeit betreffend, seine Gewohnheit (›sei es beim Jagen oder Kriegführen‹ oder sonstigen nominalisierten Tätigkeiten) ständig ein Fass Korinthen mit sich zu führen. Welches ihm im Jahre 782 von einem Sachsen gestohlen wurde und – entgegen der Absicht des Diebes, der auf die Beendigung des Krieges spekuliert hatte – zum eigentlichen Gemetzel bei Verden führte. Anderseits Karls Feldzug gegen die Langobarden ›letztlich eine Annäherung an Korinth? Das mag zu Recht bezweifelt werden.‹

Herrlicher Blödsinn also, für den ich mich aber, je häufiger meine Schüler Neapel als Nepal lesen, oder je abenteuerlicher, nein, eigentlich braver, sie ›das‹ durch ›dieses oder welches‹ ersetzen, desto mehr schäme. Satire im 7. Schuljahr! Für Schüler, die nie in ihrem unschuldigen Leben von Karl dem Großen gehört haben! Ein didaktischer Missgriff erster Ordnung.

Und ob das Ganze dem Alt-Korinther Diogenes in seinem Fass bzw. im morgigen Diktat zugute kommt, auch das darf zu Recht bezweifelt werden.

»Wieso ›morgiges‹ Diktat? Sie meinen Freitag!«, hatte es bei erster Gelegenheit in einem Chor aufrichtigster Entrüstung gelautet. »Sie haben es doch selbst an die Tafel geschrieben.«

»Und in dem Brief, den Sie mir geschickt haben, stand auch Freitag.«

Ich erinnere mich dunkel. Das war zu Zeiten gewesen, als ich glaubte, die Schule begönne am Donnerstag wieder, nicht am Dienstag. Donnerstag Wiederholungsdiktat, Freitag Test. So wird's gewesen sein. Erstaunlich, dass der Freitag auch in den Brief an Ben und Benni geraten sein soll. Denn den habe ich am letzten Schultag mitsamt Übungsmaterial an die beiden nicht durch Schülerboten erreichbaren Kranken geschickt. Eine Gutmütigkeit, die sich zu rächen scheint. Was sage ich der Klasse?

»Wisst ihr, wir können«, pleading, »unmöglich eine weitere Woche an dem Diktat rumdoktern. Wir haben schließlich noch andere Sachen vor!« (Was waren die andern Sachen gleich? Wahrscheinlich Leckerbissen der Grammatik. Oder zwei, drei spitzenmäßige Frühlingsgedichte?)

Leichtes Murren, aber kein Aufruhr. Die andere Hälfte der geteilten Wahrheit ist ja auch bekannt: mein gebetsmühlenartig wiederholter, auch an die Elternsprechtagsmütter ergangener Hinweis, das ja bereits aufgeschobene Diktat werde am zweiten Tag nach den Ferien geschrieben.

»Das muss euch doch noch in den Ohren klingen! Wer erinnert sich?«

Keine Hand rührt sich.

»Aha«, sage ich, »alle.« Ich kann cool sein! Weil ich es meinen Lieben an der Nasenspitze ablese, dass sie mir heimlich Recht geben, dass sie nicht brutal unfair sein wollen.

»Also an die Arbeit. Verdener Korinthenraub, Klammer auf, Teil 2, Klammer zu. Das wurde einem Sachsen namens Brunbardo zum Verhängnis …«

Bis hart an den Gong ziehe ich das Diktat. Schule ein Zuckerschlecken? Niemals.

Im Lehrerzimmer empfängt mich großes Hallo. Gerade hat Eckhard Schöller einen Witz vom Stapel gelassen, in dessen Kielwasser (»Ho-ho! Also wirklich!«) Anitas und meine halbdienstliche Ferienrückkunftsumarmung fast ein wenig untergeht. Der Witz scheint eher eine Art satirischer Bluff gewesen zu sein; was ich gerade noch mitkriege, ist dass an einem irgendwie gearteten pädagogischen Aktionstag »bei genügender Akzeptanz natürlich kein geregelter Unterricht stattfinden kann«, dass aber ungeregelter Unterricht als nicht erteilt gelten muss, dass folglich der gesamte Tag als Minusstunden auf das Konto der Kollegen geht.

»Wie?! Das kann doch nicht wahr sein!«, poltert Lothar los. Er fasst es nicht.

Hella antwortet mit vorerwähntem politisch eingefärbten »Ho-ho-ho« zwischen Entrüstung und Belustigung und weiß, dass solch hanebüchener Horror im Handumdrehen Realität werden kann. Klaus-Peter Schwedhardt geht wiegend und wägend in seine süße Ecke (denn dort steht eine Handvoll Gläser Honig, vielleicht die letzten der Herbsttracht). Unter feinsinnigem Kopfschütteln bemerkt er: »So weit haben sie uns. Wir glauben mittlerweile alles.«

Ausgangs- und Rückkehrpunkt der kleinen Debatte ist der Girls' Day. Auf den Informationsblättern, die Anita abgezählt (13) auf meinen Schreibtisch gelegt hat, heißt er ergänzend, erläuternd ›Mädchenzukunftstag‹ und soll der Heranführung an technische und techniknahe Berufe dienen; Anträge auf Befreiung vom Unterricht bis Mittwoch.

»Muss das sein?«, frage ich in mich hinein, und bin damit in meiner Beurteilung moderat.

»Kompletter Schwachsinn«, heißt es auch.

»Eklatanter Verstoß gegen den Gleichheitsgrundsatz«, formuliert Lothar; er will seine Jungs ermuntern, gleichfalls einen Antrag zu stellen.

Aktionismus, Feigenblatt, vergebene Liebesmüh, Flop des Jahrhunderts.

Anita steht irgendwo in der Mitte dieser Positionen. Ich stehe neben ihr, ihr bedeutend, dass man vorrangig das Komische des Ganzen sehen sollte (»Mädchenzukunftstag! Ich bitte dich«), in zweiter Linie die historische Berechtigung, den Symbolwert, die Chance zur Bewusstseinsveränderung, den guten Willen der Ministerin, an dritter Stelle die Vergeblichkeit. Und dass man sich, viertens, oder doch als Erstes, um die Rechtschreibung des Girls' Day kümmern müsste (drei Versionen auf drei Verlautbarungen!). Zum Glück hört von unseren Heißspornen niemand mehr zu; denn mich gleich am ersten Schultag exponieren, das möchte ich doch nicht. Zum Glück auch regnet es in Strömen, so dass ich, anstatt meine Pausenaufsicht anzutreten (Lehrerparkplatz, keine erzieherische Herausforderung), zur Entspannung der Gemüter eine Kanne Aldi-Ceylon aufbrühen kann.

Zum Glück, schließlich, springt in der nachfolgenden Englischstunde die gute Sonja auf meine gewaltig stimulierende Fragestellung ›My Easter holiday‹ an. An ihrem Bericht entlanghangelnd, erarbeiten wir Sonja's stay in Saint-Peter-Ording, on the North Sea coast, north of the river Elbe, border between Lower-Saxony and Sleswig-Holstein, with its little shopping street and a wide, wide beach, 100 mts when the tide is in; when the tide is out it takes half an hour to get to the water. Sonja had a great time there. She would always go back to Saint-Peter-Ording.

Leider sind nicht alle so eingenommen von dem Sonja-Text wie ich, wollen ein so zufälliges, noch aus der Ferienluft gegriffenes Lernziel einfach nicht annehmen (»Was? Abschreiben?!«). Werden schon sehen, was sie davon haben! Denn erstens geht es gleich ans Lehrbuch, page 61, Reflexive Pronouns, und zweitens werde ich spätestens übermorgen ›Saint-Peter-Ording‹ unangekündigt in einer kleinen LZK abtesten. Ich werd mir doch meinen ersten Schultag nicht vermiesen lassen!

Donnerstag, den 18. April

Als mir klar wurde, gestern, vorgestern, dass der erste Tag nach den Ferien vielleicht deshalb so rundum erträglich war, weil Yvonne Ehrenstadt gefehlt hat, da reift in mir eine Strategie, nämlich sie, wenn sie aufmüpfig wird, einfach Luft sein zu lassen. Natürlich tritt dieser Fall ein, kaum dass ich Mittwoch die Klasse betrete, mit den Diktatheften.

»Wieso schreiben wir plötzlich heute das Diktat und nicht Freitag?«

»Yvonne, das haben wir besprochen, als du krank warst«, sage ich. »Lass dir das von Kerstin erklären oder komm in der Pause zu mir.«

»Moment mal«, sagt Yvonne, aber ich bin schon den Gang runter, beim Austeilen.

»Hallo!«, höre ich hinter mir flöten. Es ist das neudeutsche, endbetonte Schüler-Hallo mit quasihöflicher Wortmelodie, das so viel heißt wie: Du hast da irgendetwas nicht richtig verstanden, du bist dabei, einen Fehler zu machen, jetzt besinne dich!

»Ja, Nils«, sage ich, »wenn du kein Heft hast, musst du wohl auf einem Zettel schreiben.«

So einfach ist das. Yvonne macht Anstalten, den Test zu verweigern, aber die unheimliche Stille am Anfang eines Diktats mit dem 25fachen Federraschen und allerdings das gezischte Zureden Kerstins bringen sie zu einer Art wütender Einsicht; sie haut die Sätze hin, zwei Wörter pro Zeile, in kralligen, mit Weigertinte geschriebenen Buchstaben.

Ein Wort zum Diktieren. Von Erika Müller-Blombach, der hyperkorrekten Fachkollegin während meines ersten Deutscheinsatzes, weiß ich, dass man jeden Satz oder Teilsatz zweimal diktiert, und das war's. Ich hingegen diktiere bestimmt sechsmal, in immer finaler werdendem Tonfall, in immer finaler werdendem Tonfall, Punkt. Diese Gutherzigkeit (denn ich will keine Sekretärinnen ausbilden, sondern Rechtschreibung trainieren) wird natürlich nicht honoriert.

»Nicht so schnell!«

»lachten über Diogenes ... und dann?«

»Diktieren Sie Fragezeichen mit?«

»Ich diktiere, ihr schreibt«, heißt es dann meistens. Nur auf besonders schwache oder besonders brave Frager wird eingegangen.

Was die Zeichensetzung angeht, erlaube ich mir ebenfalls einen Sonderweg. Kommafehler zählen im siebten Jahrgang noch nicht. Dennoch diktiere ich ohne Zeichen und gebe am Ende eines jeden Satzes die Zahl der Kommata an.

»Das heißt Kommas.«

»Richtig, Yvonne (Schmitt). Aber man sagt auch ›Kommata‹. In diesem Satz zwei.«

»Jahh!«, mit ganz kurzem a, atmet dann ein gutes Drittel der

Klasse auf; die Mädchen zeigen ein Lächeln, die Jungs halb unter der Bank die Siegerfaust. How is that, Erika?

Das Schönste aber beim Diktat ist es zu sehen, wie am Ende, wenn die Seite runtergeschrieben ist (185 Wörter) und bevor der Lehrer noch einmal im Zusammenhang vorliest, die ganze Rasselbande wie eh und je die Schreibhand ausschüttelt. »Puh!«

Allein die Bezeichnung ›Rasselbande‹ zeigt, dass am Mittwoch in der zweiten Stunde (und sicher auch in der Doppelstunde Latein, Ablative: localis, temporalis, instrumentalis, separativus) die Welt noch in Ordnung ist. Von der Katastrophe am Donnerstag nichts zu ahnen! Aber bereits in der Englischstunde ist der Frieden dahin. Yvonne, Kerstin, Yvonne. Alle schönen Strategien zunichte! Einmal lässt du kalt ablaufen, ein zweites Mal ignorierst du, beim dritten Mal gehst du an die Decke.

»Jetzt haltet ihr endlich den Mund! Den Block weg! Ganz weg vom Tisch. Nein, den brauchst du jetzt nicht!« (Denn sie malen nur ihre Pferde darauf oder reißen kleine Nachrichtenzettel ab.) »Keine Widerrede, oder du fliegst raus!«

Die Widerrede kommt (»Ist mir doch egal!«), die erste geht, Yvonne Schmitt. Nach einigen zehn Minuten Unterrichts, unschönsten Unterrichts, meldet sich Diane in ihrer sozialen Art (aber halt, Diane ist gar nicht in meiner Englischgruppe!!) und fragt: »Darf Yvonne wieder reinkommen?«

»Um Gottes willen, nein!«, meine Antwort. Ehrlich, aber auch ausgekostet. Die Klasse baff. Was ist mit Bauer los?

Als Nächstes, in dieser und jeden anderen Stunde Mittwoch bis Donnerstag, muss Yvonne Ehrenstadt auf Toilette. Entgegen sonstiger Praxis nicke ich sie raus, bitte. Als sie wieder zurück ist, geht das Stören nahtlos weiter, Kramen, Zeichnen, Lineal fallen lassen, Reden, Reden, Reden.

»Ja, wärst du doch auf Toilette geblieben!«, fahre ich sie an.

Ich weiß, dass ich mich damit am Rande des Erlaubten bewege, denn in meinem Tonfall habe ich quasi runtergespült, aber es tut gut. Die Sache unterrichtlich und menschlich auf den Punkt bringen. Längst sind alle drei, Yvonne Ehrenstadt, Yvonne Schmitt und Kerstin Neumann zum Nachsitzen Freitag 14.15 Uhr bestellt.

»Wieso überhaupt?«, fragt Yvonne Ehrenstadt. »Ich habe zu Kerstin nur gesagt …«

Was sie genau gesagt hat, ist mir nicht mehr gegenwärtig (wie ich ohnehin keinen einzigen Dialog zwischen ihr und irgendwem wirklich wiedergeben kann; die gute Feder streikt, das Königsblau will gerinnen). Nur eins weiß ich: Es war wie immer in irgendeiner schrägen Weise wahr. Und wenn sie wirklich in dem fraglichen Moment Kerstin gebeten haben sollte (aber das hat sie nicht, es war etwas anderes), ihr das Heft zu geben, um Versäumtes nachzuschreiben, dann.

»Was dann?«

»Dann bleibst du am Freitag weg!«

Die Mädchen gucken sich und mich mit großen Augen an.

»Du kommst nicht«, erläutere ich in aller Schärfe. Es klingt wie ›Du darfst nicht kommen. Ich muss dich nicht unbedingt sehen!‹

»Und die anderen beiden?«

»Die kommen. Ich schreibe den Eltern Briefe nach Hause.«

So geschieht es. Am Mittwochnachmittag eine Stunde Knabbern am Füllfederhalter, Gedächtnisrecherche, zwei Mark sechzig Porto.

Die Gedächtnisrecherche hat auch ergeben, dass es zwischen Yvonne und Kerstin tatsächlich nicht um ein Heft ging.

»Ich hab Kerstin nur gesagt, sie soll sich melden.«

»Was heißt das: Sie soll sich melden?«

»Das heißt, sie soll sich melden. Mitmachen!« (Muss man einem Lehrer das erklären?)

In der Tat beobachte ich zwischen den beiden derartige Regungen. Wie sich die eine in stummer Zärtlichkeit oder mit beschwörendem Tuscheln über die andere hermacht, um sie zu trösten, Tränen zu trocknen, zu ermuntern, an letztpausige Versprechen zu erinnern, – aber das alles nur, um einträchtig aus der grausamen U-Welt in ein kitschiges, von Pferden bevölkertes, blumenumranktes Freundinnenland zu entfliehen.

Der Donnerstag wird zu besagtem Katastrophentag nicht nur, weil die drei Mädchen wiederum verrücktspielen (nein, die zwei; Yvonne E. weiß sich einen Vormittag lang zusammenzunehmen), sondern weil auch der Deutschtest mit seinen zehn bis zwölf Minderleistungen (›nicht erreicht‹) laut 30%-Klausel praktisch nicht zu retten ist, und weil zu allem Überfluss ab 14.00 Uhr (statt der tröstenden Doppelstunde Latein) eine Personalversammlung stattfindet.

Personalversammlungen sind in sich ein trauriges Kapitel, denn sie werden nur von dem Viertel des Kollegiums besucht, das gerade Nachmittagsunterricht hätte, die anderen (aber hier nehme ich Reini, Klaus-Peter Schwedhardt und einige sonstige Gewerkschaftstreue aus) »müssen das nicht haben« oder, falls sie je befragt würden, haben einen Zahnarzttermin oder die Schwiegereltern im Haus.

Thema heute: neue Ganztagserlasse, abgespeckte Ruhegehälter, geänderte Beihilfeverordnungen. Da kann der Personalrat machen, was er will, selbst Obstteller in die Hörsaalreihen drapieren: Du gehst angeschlagen rein und kommst als Pflegefall wieder raus. Meine Gedanken sind ohnehin beim Diktat. War es richtig, es morgen gleichlautend noch einmal schreiben zu lassen? Nach dem zu schlechten Ergebnis nun möglicherweise ein zu gutes eintragen zu müssen! Bei der intensiven Vorbereitung (17 schwere Wörter direkt aus dem ›Korinthenraub‹!) wäre es ein Leichtes gewesen, den Test genehmigen zu lassen, zugleich eine Möglichkeit, Inge Hanke-Düchtig, Fachbereichsleiterin Deutsch, meine kleine didaktisch gewagte Karlschnurre unterzujubeln.

»Ich möchte, dass ihr einen ordentlichen Test schreibt«, habe ich der Klasse gesagt. Aber bekommt ihnen das? Brauchen sie nicht einen Denkzettel? So martere ich mich jetzt. Mache ich meine Klasse stark, indem ich selbst das schwächste Glied in der Kette bin? Die schlimmere Frage aber ist: Haben sie es verdient? Denn die spätestens gestern erlangte Erkenntnis, eigentlich eine Uralterkenntnis, dass es nicht nur Yvonne, Yvonne und Umfeld, gibt, sondern dass immer eine Gruppe im Spiel ist, die holt mich jetzt ein. Englisch, 4. Stunde.

»Because Helen wents away in holiday«. So formuliert in irgendeinem didaktisch abgesicherten Unterrichtszusammenhang Lucas aus der 7/3.

»Went away on holiday«, verbessere ich unaufdringlich.

»Er hat vielleicht ›went away‹ gesagt!«, schießt Yvonne E. dazwischen. Das ›vielleicht‹ an dieser Stelle ist von polemisch-argumentativer Qualität und heißt nicht ›möglicherweise‹, sondern mindestens ›falls Sie's nicht gehört haben sollten‹, Schülerjargon seit ca. 10 Jahren.

»Ätzend«, denke ich im Schülerjargon von vor etwa 20 Jahren, bin aber zugleich in der schönsten Auseinandersetzung mit Yvonne. Kommentierend sei gesagt, dass ein Englischlehrer von 30 Dienstjahren für die he-she-it-Problematik ein untrüglich feines Gehör entwickelt hat. Irrtum ausgeschlossen. Lara kann das nicht wissen. Sie meldet sich und beteuert, auch sie habe Lucas das und das sagen hören. Nachbarinnen nicken.

Hier implodiere ich. »Ja, seid ihr denn von Sinnen, alle miteinander?! Lucas hat einen Satz gesagt, ich habe ihn verbessert. Ist das ein Thema? Und selbst wenn ich mich beim ersten Fehler getäuscht haben sollte, was ich ums Verrecken nicht glaube, so hat er immer noch den zweiten gemacht. Habt ihr keine Ohren am Kopf? Warum lasst ihr mich meinen Job nicht machen? Und was soll das bescheuerte Gerechtigkeitsgehabe? Der arme Lucas ist euch doch so egal wie nur was. Mir, mir, mir wollt ihr am Zeuge flicken, auf Deubel komm raus! Und ich weiß nicht warum!« Alle diese Worte gehen nach innen los, während ich stumm, entsetzt, verlassen in die Runde gucke. Mit solchen Gefühlen sitze ich nun in der Personalversammlung. Mit solchen Gefühlen sitze ich noch zu Hause, unfähig auch nur die Zeitung durchzublättern, geschweige denn in den Garten zu fahren, Rasen mähen, oder mich ins Auto zu werfen und im Sportbad heilsame 1000 Meter zu schwimmen.

Erst am Abend schaffe ich es, wenigstens meine Fahrgemeinschaftsdinge zu regeln, denn wegen des langen Nachsitzens am Freitagnachmittag brauche ich das eigene Auto. Starren Auges plane ich, mich (nach dem Diktat) aus der nachfolgenden Tut-Stunde 100%ig herauszuhalten, sowie für die Englischstunde eine mindestens halbstündige schriftliche Arbeit.

Dienstag, den 23. April

Ach, das Leben ist wieder lebenswert, die Schüler wieder beschulenswert, das Schreiben wieder unbeschwert. Wie schnell das manchmal geht! Schon am Freitag letzter Woche bin ich, halb vier, erleichtert nach Hause gefahren. Die Nachsitzerinnen haben brav nachgesessen, das neu geschriebene Diktat liegt korrigiert auf dem Tisch, die Englisch-LZK desgleichen (denn die ›mindestens halbstündige schriftliche Arbeit‹ war mitnichten nur eine solche, sondern nach dem Frustration-Aggression-Syndrom eine stramme Leistungsüberprüfung mit vielen schönen, wohlplatzierten ›Nicht-erreichts‹), die Arbeitsstundenaufgaben für die neue Woche sind an die AS-Bretter der 7/5 und 7/3 gepinnt, und – Kerstin Neumann hat in der gefürchteten Tut-Stunde Hans-Peter und mich mit der Mitteilung geschockt, sie wolle umgesetzt werden.

»Umgesetzt?! Ich bin begeistert«, sage ich, in Kerstins ernstes Gesicht und aus einem Augenwinkel zu Yvonne hinüberschauend. Kerstin guckt unter meinem Blick weg und murmelt etwas von »Abgelenktsein«. Mein Brief, denke ich, hat also etwas bewirkt. Die Mutter hat sie ins Gebet genommen, bravo.

An uns soll es nicht liegen, ist die Stimmung zwischen Hans-Peter und mir, als die letzten Schüler in die große Pause getrieben sind, und wir buffen uns halbwegs.

Das der Freitag. Talsohle deutlich überwunden. Am Dienstag, heute, die ersten vorsichtigen Höhenflüge.

»Habt ihr euer Diktat vorgefunden?«, frage ich etwas scheinheilig in die Klasse.

»Ja. Cool, Herr Bauer.«

So war's gedacht. Mit dem Uraltritus gebrochen, dass der Lehrer selbst die Klassenarbeiten austeilen müsse. Als sie fertig korrigiert waren, dachte ich, legst du sie einfach in sauberem Stapel auf den Lehrertisch; sie werden schon neugierig genug sein.

»Hey, das sind unsere Diktate!«

»Ne, nicht? Wir haben heut gar kein Deutsch.«

»Doch, das sind sie. Guck doch!«

»Schon korrigiert?«

»Klar korrigiert.«

»Cool.«

Exakt so muss der Dialog stattgefunden haben. Dann Chaos; die Klasse strömt zusammen, jeder will der Erste sein, Hefte gehen zu Boden. Schließlich schnappt sich einer, wahrscheinlich eine, wahrscheinlich Lara, den Reststapel und teilt aus. Meine Klasse.

Nach der großen Pause und einer sicher symbolisch durchgeführten Parkplatzaufsicht sitze ich mit Anita im Lehrerzimmer, ein, zwei Freistunden lang, ich über meinem Rotwurst-, später meinem Käsebrot, Anita neben ihrem angebissenen Kotelettbrötchen.

»Der Umzug?«, frage ich, als Anita nach einem Gespräch mit Friedrich Haas, so klang es, vom Telefon zurückkommt (das neu verlegte Telefon steht nach wie vor auf der Fensterbank weit ab von Anitas Jahrgangsleiterschreibtisch und ist, da Reini in letzter Zeit selten aufkreuzt, eigentlich von niemandem direkt zu erreichen).

»Ja, der Umzug«, seufzt Anita. »Ein letzter Versuch.« Sie gibt mir Fredis jüngsten Rundbrief rüber.

Was sage ich dazu? Fredi listet mit einer guten Handvoll Word-Kullern die Argumente der ›Jagaleis‹ von 7 und 10 gegen den turnusmäßigen Umzug ins Haus C (zu den Großen) und zurück ins Haus A (nämlich mit dem neuen 5. Jahrgang) auf. Da werden Laufstrecken für Fünftklässlerbeine aufgerechnet. Da ist von ›Schonung von Mensch und Material‹ die Rede. Da werden ›Patenschaften zwischen Groß und Klein‹ versprochen. Da wird Jahrzehnte alte Verkrustung beklagt. Da muss Verschlankung her. Alles schlüssig, alles wahr, aber auch alles ein hübsches Durcheinander. Komplexes Thema halt.

»Fredi wird damit die Gesamtkonferenz nicht überzeugen.« Anita nickt, unglücklich.

Die Wahrheit ist: Insbesondere Anita möchte ihren Jahrgangsflur nicht verlassen. Er ist ein bisschen unsere Heimat geworden (»Und wir brauchen das nicht weniger als die Schüler«), der Vorzeigeflur eines Vorzeigejahrgangs, den wir jetzt, wo wir uns gerade eingerichtet haben, wo wir die Früchte der Identifikation ernten könnten, verlassen sollen. Anita graut vor den Strapazen, vor der Unruhe in der letzten Schulwoche, vor dem unnützen, unnützen Gewaltakt. Auch davor, dass unsere Schüler, ohnehin im Umbruch, durch die neuen Zeichen, die zwangsläufig von den Großen gesetzt werden, in kürzester Frist, »sagen wir nur, wie es ist, versaut werden«. Auch bei uns eine Gemengelage von Argumenten.

»Wir müssen pädagogisch argumentieren«, habe ich schon am Anfang des Schuljahres, als das Umzugsgespenst erstmalig umging, gesagt. »Aber: Wir dürfen den banalen Stressfaktor, unser Ausgangsargument, keinesfalls taktisch ans untere Ende der Liste schieben.« Also offensiv fragen: Wenn wir uns schon schinden sollen, wofür? Ist Altershomogenität ein hinreichendes pädagogisches Ziel? Ist nicht an einer IGS Integration der höhere Wert? Lernen durch Durchmischung. Rücksichtnahme. Vorbild. Reifen. Fragen, die am eindeutigsten von den Sozialpädagoginnen beantwortet werden. Sie haben im Haus A ihre Station, sie haben im Haus A ihre Hauptklientel, sie wollen ihre Kleinen im Haus A behalten, die Großen stören da nur.

Diese Schwerpunktsetzung, sage ich, ist problematisch. Hören die sozialen Probleme der Schüler nach Jahrgang 7 auf? Wenn ja, freue ich mich aufs 8. Schuljahr – und schaue gern mal in der großen Pause bei Paula, Anja, Eva-Marie vorbei, falls ich sie zwischen, hinter, unter den Bergen schnabbelnder, brabbelnder, auf braunem, fleckigen, welligen Teppichboden krabbelnder Problemfünftklässler entdecke.

Schließlich das Wegeproblem. Den Kleinen könne nicht zugemutet werden, zweimal die Woche vom Haus C in die Naturwissenschaftsräume im Haus A zu wandern; Musikraum dito. Das ist natürlich Quatsch; denn je weiter sie von NW und Musik weg sind, desto näher sind sie an Arbeitslehre-Wirtschaft-Technik, Kunst und der Mensa, – eine Bilanz, die wahrscheinlich auf plus minus null hinauslaufen würde.

Wie müsste, vor diesem Sachhintergrund, eine klarsichtige, wohlmeinende Gesamtkonferenz abstimmen? Ich denke, gegen 30 Jahre Tradition, gegen Umzug.

Also nehme ich mir Fredis Entwurf vor, entschlacke ihn von allem Jagalei-Schnickschnack, auch von den schicken Floskeln aus der schönen Welt modernen Industriemanagements, denen Fredi allzu gern erliegt, nehme die etwas überoptimistischen Patenschaften heraus. Und bastele aus dem Rest und meinen eigenen bescheidenen Überlegungen ein sauberes Pro/Contra-Schema.

»Vielleicht hilft das der Diskussion«, sage ich Anita.

Anita ist gerade dabei, meinen abschließenden Appell an die Hardlinerfraktion, Schulleitung und Sozialpädagogen, zu studieren, nämlich die Aufforderung, zu prüfen, wie sie selbst auf einen in dreijährigem Turnus für nötig erachteten Umzug reagieren würden.

»Ja, sicher wird das helfen. Fredi wird es eins zu eins übernehmen.«

Ich ziehe ab in den Unterricht. Glücklich der Sache, glücklich Anita gedient zu haben, glücklich auch zu sehen, was man, sobald der Kopf frei ist vom pädagogischen Kleinkram und Kleinkrieg, in lockeren zwei Springstunden Großes bewegen kann.

In derselben Stimmung verlasse ich Unterricht und Schule, muss gleichwohl zwischen Mitteilungsbuch, das ich für drei zurückliegende Wochen abzeichne, und Brieffach, das ich zugleich leere und wieder fülle, denn der Papiercontainer liegt nicht auf meinem Weg zwischen Brieffach und Lehrertoilette, noch eine kleine Prüfung bestehen.

»Ach, Ottmar«, sagt da wer, »kann ich auch dich heute Abend bei unserer Veranstaltung begrüßen?«

Helmut Pallinski. Nicht in seiner Eigenschaft als Sek-II-Leiter, sondern als selbst ernanntes Kulturfaktotum, der bei ›unseren Veranstaltungen‹ als alles, vom Initiator, Organisator, vom Gruß-, Lob- und Dankredner, Moderator, vom Hausherrn mit Schlüsselbund bis zum Beleuchter mit Direktorengehalt auftritt, und sich in den Kopf gesetzt hat, aus dem Basement unseres Oberstufenhauses, gegen dessen Benennung als ›Forum‹ ich vor Jahren aus guten lateinischen Gründen, aber vergeblich gekämpft habe, ein kulturelles Subzentrum Wolfsburgs zu machen.

»Frans Brüggen, klassische Gitarre?«, frage ich, um Zeit zu gewinnen. Gerade habe ich die Einladung in der Hand gehalten.

»Genau. Heinz Brüggen, klassische Gitarre.« Helmut weiß schnell mal etwas besser.

»Wo findet das statt?«

Eine teuflische Frage. Helmut weiß genau, wenn er jetzt ›im Forum‹ sagt (und diese Namensgebung war 1000%ig seine Idee), wird meine Antwort abschlägig ausfallen müssen, denn ein ›Forum‹ kenne ich nicht. Sagt er aber vielleicht sogar ›im Falschen Forum‹ und benutzt damit die seinerzeit von mir kompromisshaft, spaßhaft vorgeschlagene Bezeichnung, dann könnte er mich, falls er mir so viel Sportsgeist zutraut, aber unter welchem Opfer, ins Konzert zwingen.

Helmut windet sich. Ich genieße es. Er redet sich auf den Einladungszettel heraus, er verweist im Vorübergehen auf die Ankündigung in unserem Pressekasten. Ich lasse nicht locker.

»Wo findet das statt?«

Helmut kann ja nicht wissen, dass ich am heutigen Dienstag nicht nur Anita und den Sachen diene, sondern traditionsgemäß auch Inga und ihrer Freundin Tina, die ich nach ihrem allwöchentlichen Hausfrauenturnen aufwendig bekoche.

Mittwoch, den 24. April

Diktat zurückgegeben, Berichtigung in Arbeit, Unterrichtseinheit abgeschlossen. Ein neues Thema muss her; die nächste Deutschstunde droht. Gedichtwiederholung, warum nicht? Ich blättere in meiner Erinnerung mehr als im Lesebuch des letzten Jahres.

›Frühling lässt sein blaues Band‹

›Der Lattenzaun‹

›Der Zauberlehrling‹

›Der Kirschdieb‹

›Belsazar‹

Und einige weitere. Die sollen hergesagt werden, notfalls von mir, jedenfalls im Groben memoriert werden, gelesen werden, durch zentrale Sinnfragen präsent gemacht werden. Null Vorbereitung, könnte man denken; habe ich selbst auch gedacht. Und bin dann doch, nach meiner freien ersten Stunde, mit einer schmucken Overheadfolie in den Unterricht gezogen (›Gedichtequiz. Nenne den Autor, die erste Zeile. Woher stammt das Zitat?‹).

Die Schüler erinnern sich, so scheint es, nicht ungern. Den Mörike kriegen wir leidlich zusammen, vom ›Lattenzaun‹ immerhin die Schlusszeile (›Nach Afrik- od- Ameriko‹), die einschlägigen Balladenverse (›Die ich rief, die Geister‹) sowieso. Nur beim ›Kirschdieb‹ hapert's. Wie war das gleich?

Diane liest vor. Das kleine betörende, verstörende Prosagedicht von Brecht, in welchem jemand des Nachts aufwacht und in seinem Kirschbaum einen jungen Mann entdeckt, wie er sich die Taschen vollstopft und ihm dabei freundlich zuwinkt. Zurück in seiner ›Bettstatt‹ hört er den Kirschdieb noch lange im Baum pfeifen.

»Wer von den beiden ist der Unsympathische?«

»Der junge Mann«, findet Brigitt.

»Warum?«

»Weil er Kirschen klaut.«

»Was meinen die anderen?«

Die anderen meinen, dass der Dieb eigentlich sehr angenehm wirkt.

»Also der Kirschbaumeigentümer?«

»Nein, der auch nicht.«

Beide sind sympathisch. Ist das nicht wunderschön! Wieder kommen wir auf das Thema Privateigentum und wie es wäre, wenn man es abschaffte. Ob es überhaupt ginge?

»Im Gedicht ging es.«

Die Wirklichkeit betreffend, teilen sich die Meinungen. Eine Hälfte Revolutionäre in der Klasse, immerhin!

»Letzte Frage: Wer weiß, wie man die Idee von der Abschaffung des Privateigentums nennt?«

Keine Ahnung.

»Mit K fängt's an.«

Keine Ahnung.

»Zweiter Buchstabe o.«

Erste Meldungen. Kompromiss. Koalition. Koproduktion. Konjunktur?

»Nein, Schluss jetzt! Diese wunderschöne Idee heißt Kommunismus.«

Der geplante Schock bleibt aus. Das Wort sagt ihnen nichts.

Also lernt es, denke ich.

Donnerstag, den 25. April

Wer hat Amerika entdeckt?
Wer hat Dornröschen aufgeweckt?
Wer schrieb den ›Faust‹ (fürs 12. Schuljahr)?
Wer steht im Rampenlicht vor Julia?
Wer ging bei Verden über Leichen?
Wer lässt Skalpell und Scher' sich reichen?

Das die erste Strophe meines Beitrages zum Girls' Day. Die Strophen 2 bis 4 folgen – wie bei einem Spontanwerkchen nicht anders zu erwarten – mit mehrtägiger Verspätung, als nämlich die Mädels wieder vollzählig die Schulbank drücken.

Das Schöne an dem Gedicht (›Wer hat die liebe Welt erschaffen?‹ ›Wer buk die erste Sachertorte?‹ ›Wer hat die Arbeiter befreit?‹ ›Wer fehlt noch zur Dreieinigkeit?‹) ist dass es auf den ersten Blick ein Wissensquiz (mit Antwortfeldern) ist. Also motivierend.

»Was ihr nicht wisst, lasst ihr erst mal frei.«

Aber das meiste wissen sie ja, wenn auch das eine oder andere, z. B. den einen und den anderen Karl, erst seit Kurzem.

Ärger gibt's bei der ›Dreieinigkeit‹. »Woher sollen wir denn das wissen?!«

Zumutung! Werfen sich zurück, als wollten sie bis zum Abitur in Streik gehen. Ich, humorlos, gehe an die Decke, nein, gehe kurz vorher in mich und sammle meine Energien für die folgende Rede:

»Also, jetzt hört mir mal gut zu. Es gibt eine irrsinnige Menge von Dingen, die ihr nicht wisst. Das nimmt euch keiner übel. Niemand erwartet Wunder. Aber was ich erwarte, ist, dass wenn eine Frage auftaucht, die ihr nicht beantworten könnt, ihr die Ohren spitzt, weil ihr etwas lernen könnt. Genau dazu sitzt ihr hier. Ihr aber scheint zu sagen«, so bräsig, wie ihr dasitzt, hätte ich hinzufügen wollen, »bleiben Sie uns damit vom Leibe, das haben wir noch nicht gehabt!«

»Und überhaupt!« Einmal in Schwung gekommen, setze ich mein Schüler-Bashing fort. »Dreieinigkeit! Werdet ihr nicht konfirmiert dieses Jahr?« Werden sie, die meisten. »Lernt ihr nicht mehr das Glaubensbekenntnis? Ich glaube an Gott, den Vater, Nummer eins. Wer ist die Nummer zwei? Ich glaube an ...?«

»Jesus Christus, Gottes eingeborenen Sohn.«

»Und? Nummer drei?«

»Ich glaube an den Heiligen Geist.«

»Na also! Die Dreieinigkeit.«

Ein schlechtes Gewissen hatte ich an ganz anderer Stelle. »Die Sachertorte, falls ihr euch auch darüber den Kopf zerbrechen solltet, die hat der Wiener Konditormeister Alois Sacher erfunden«, behaupte ich kess. Der Name ist nicht recherchiert, schiere Erfindung, wandert dennoch an die Tafel (er buk die Torte ohnehin nur um des Reimes willen).

»Wie bei Gustave Eiffel«, weiß Jockel.

»Genau! Seht ihr, es ist gar nicht so schwer.« Die Litfass-Säule, den Dieselkraftstoff und die Weckringe schenke ich mir, denn wir müssen schließlich noch zum eigentlichen Punkt – Girls' Day – kommen, ein Lernziel, das sich zugegebenermaßen im 9. Jahrgang, Vertretung 4. Stunde, leichter erreichen ließ.

»Das sind ja alles Männer!«, platzt dort ein Mädchen heraus.

»Ach ne. Auch schon gemerkt?!«, kontert ihr Nachbar, mit einer Arroganz, die ihn glatt für eine der Strophenendzeilen qualifizieren könnte (Schlaglichter auf die moderne, mal pompöse, mal destruktive, mal lächerliche, aber immer privilegierte Männerwelt).

Jetzt gehen die Neuntklässlerinnen ab. Fragen werden gestellt (»Wieso eigentlich?«), Antworten gegeben (»Ungerecht!« »Sauerei!« »Genauso isses!«).

»Die meisten Frauen wollen ja gar nicht!«, behaupten die Jungs. Sie meinen die Verantwortung, den Stress.

Bei den Mädchen Gegrummel. Das ist nicht gut genug, denke ich und schwinge mich zum Anwalt von Girls' Power auf.

»Moment mal!«, gebiete ich in die Klasse. »Das wollen wir jetzt aber mal genau wissen. An die Mädchen: Wenn es nur zwei Jobs gäbe, Krankenschwester und Chefarzt, welchen würdet ihr lieber wollen?«

Sechs von sieben wollen Chefärztin sein, die siebte ist unschlüssig.

»Das sagen die nur so«, protestieren die Jungen.

»Quatsch!«

»Es stehen 10.000 EUR monatlich gegen 2.000. Und es steht«, ich vereinfache, ich weiß, »der ehrerbietige Gruß auf dem Krankenhauskorridor gegen das Nichts, als das du als Krankenschwester behandelt wirst. Da braucht man kein Mann zu sein, da reicht der gesunde Menschenverstand, um die richtige Wahl zu treffen.«

Hätte ich noch von der Befriedigung durch den Beruf gesprochen, aber so weit geht man in einer neunten Klasse besser nicht, wer weiß, dann wäre auch die siebte Schülerin Chefärztin geworden. Stattdessen »wollte ich noch auf eine andere Riesenungerechtigkeit eingehen. Schaut mal auf das Kleingedruckte.«

Wer steht im Tor bei Werder Bremen?
Wer das nicht weiß (aber das weiß man* doch!), der* soll sich schämen.
*Diese Wörter (ebenso das Wort ›Mensch‹) zeigen, dass auch die deutsche Sprache zur Vormachtstellung des Mannes in unserer Kultur und Gesellschaft beiträgt.

»Es gongt gleich«, höre ich aus Mädchen- und Männermund.
»Das klingt, als wolltet ihr vorzeitig entlassen werden.«
So ist es.
»Gut. Dann lesen wir das Gedicht noch einmal vor. Im Chor.
(Gasp!) Und wenn das klappt, sind wir zwei Minuten vor dem
Gong draußen. Eins, zwei, drei.«
Natürlich klappt es. Nur aus den zwei Minuten wird eine
knappe halbe.

Freitag, den 26. April

Mündliches Abi. Seit gestern liegen die Aufgabenblätter auf
dem Tisch des Fachprüfungsleiters; der guckt gar nicht weiter
rein, sondern sagt sich auf gut Neudeutsch (das er ansonsten
peinlichst meidet): »Schaun wir mal.«
Acht Uhr, erste Prüfung. Es geht um Entwicklungsländer
und Schwellenländer, Ägypten und den Nil, um Bevölkerungs-
zahlen (»Sagt Ihnen der Begriff ›demografischer Übergang‹
etwas?«), Export, Import und die guten alten Push-and-Pull-
Faktoren.
Irgendwann schwenkt Prüfer Eckhard Schöller, und Proto-
kollantin Lisette schreibt fleißig mit, auf das Thema ›Stadt-
entwicklung in Europa‹ um. »Der Zufall will es«, dass er ein
modernes Luftbild und eine Karte aus vom Prüfling zu schät-
zender Zeit, beide von Frankfurt/M., dabei hat. Mittelalter-
licher Stadtkern, Befestigungsring des Absolutismus (»Diese
komischen Zacken da«), gründerzeitliche Blockbebauung, ein
vorstädtischer, heute zentral gelegener Sackbahnhof. Alles da,
alles mehr oder weniger gewusst, alles gut und schön.
Gibt es ein ›Aber‹? Eckhard prüft gut, aufbauend. Der Prüfling, ein dicker, etwas schnellatmiger Junge mit bedrohlich
niedrig hängenden, Gott sei Dank cleavage-bedeckenden Jeans

und Riesenturnschuhen, macht seine Sache ordentlich; Unsicherheiten verrät er durch ein nervöses, dabei gewinnendes Lächeln.

»Das war's schon«, sagt Eckhard, als der Schüler drei Suburbanisationsmodelle (axial, konzentrisch, satellitär o. ä.) aufzählen konnte. »Lassen Sie alle Ihre Notizen und Materialien liegen. Ergebnisse heute Mittag.«

Das Ergebnis für den jungen Mann – man hört ihn noch wegschlunzen – ist 09 NP, voll befriedigend. Ich unterschreibe alles (Who am I?), aber voll befriedigt bin ich nicht. Das liegt nicht an der Beantwortung der gestellten Fragen; es liegt an den Fragen, die nicht gestellt werden, den vitalen, banalen Fragen, die man vielleicht sogar nicht zu fragen wagt.

›Wo entspringt der Nil?‹

›Warum regnet es in der Sahara nicht?‹

›Wie lange gibt es den Suezkanal?‹

Selbst Fragen nach der Hauptstadt Ägyptens oder der Fließrichtung des Nils sind Risikofragen und werden, solange es geht, aber einmal ging es nicht anders (»Vom Mittelmeer ins Landesinnere?«), vornehm vermieden.

Ach ja, hier rächt sich das integrative Gesamtschulfach ›Geselle‹; die systematische Unterstufenerdkunde fehlt. Die Abiturienten können eine Terms-of-Trade-Kurve analysieren, sie können die ITC definieren, aber zwischen dieser und der guten alten Erde klafft eine Art luftleerer Raum. Warum zückt der Prüfer (womit ich nicht den armen Eckhard meine) anstelle eines Zweitthemas nicht eine Handvoll Wissenskärtchen, genauer gesagt 15 Wissenskärtchen, die die Nebenflüsse des Rheins, die Bedeutung der Passate, die Anbaugebiete von Kaffee, die Hauptstadt von Thüringen abfragen? Drei Minuten Kreuzverhör. Fünfzehn richtige Antworten 15 Notenpunkte, drei richtige Antworten 03 Notenpunkte. Die werden verrechnet mit dem Ergebnis der Erstaufgabe, schon hat man eine herrliche Endnote. Wissenskärtchen, Seele des Unterrichts!

Mein eigentliches Anliegen ist heute übrigens ein anderes. Wer nach fast drei Jahren Sek-II-Abstinenz die Studienzone betritt, fällt rückwärts wieder heraus: Sperrmülllandschaft, Clubraum eines Obdachlosenheims, 70er-Jahre-Möbellager in den Fingern, den bohrenden, pulenden Fingern, von 17-Jährigen. Am Eingang das Schild ›Bitte Ruhe, Abitur‹.

Geht das zusammen? Chancenverteiler Nr. 1, Pflanzstätte für Bildung und Reife, Staatsinstitut, Hoffnungsort – und wäre in Wahrheit eine Spaß- und Räkelzone halb vandalistischer, halb früh verrenteter Jugendlicher? Ich lasse mich zwischen zwei Prüfungen zum Tagebuchschreiben auf einem der wohl zehn oder zwölf Cord- oder Kunstledersofas nieder. Meide oder suche ich die schadhaften Polster, die aufgerissenen, von gelblichem Schaumstoff kündenden Löcher? Meide oder suche ich den Anblick der bis tief in die 90er Jahre zurückreichenden Abi-Gedenkwände mit ihren unvermeidlichen Unterschriften und den hässlichen Grafiken? Suche ich etwa der von Blumendekor überklebten Schuluhr die Zeit bis zur nächsten Prüfung zu entnehmen? Ringe ich der auseinander driftenden, orangefarbenen Bretterkonstruktion mit Herzchenfenster einen Restwitz ab? Empfinde ich Mitleid oder Verachtung für den Ort, der das mit sich geschehen lässt?

Pallinski quert die Halle mit forschem Schritt, vom Aufsichtstisch zum Rechenzentrum zum Vorbereitungsraum, ungerührt. Die Chefin, sicherlich scherzend, auf dem Weg zur nächsten Prüfung, sieht nichts. Was denkt der Dezernent, der drei Tage lang im Hause ist? Das gehört doch alles ausgeräumt, denke ich, auf der erstbesten Müllkippe verbrannt! Malerkolonnen müssten her! Dann funktionales, unzerstörbares Arbeits- und Ruhemobiliar rein, und wir wären wieder eine ernst zu nehmende Anstalt, jeder könnte gucken kommen, die Regierung, die Eltern, ein Sechstklässler! Mein Gott, eine Schule, gymnasiale Oberstufe oder nicht, muss doch ein bisschen auf sich halten! Ein bisschen Standards setzen, ein bisschen Stil prägen, ein bisschen bilden! Anstatt sich achselzuckend oder unter dem peinlichen Vorwand einer Erziehung zur Selbstverantwortung Formen aufzwingen zu lassen von einer Generation, die nicht sicher ist, wie herum der Nil fließt.

Dienstag, den 30. April

Zurück von einem langen Wochenende in Rerik, d. h. mit zerschundenen Händen, bis zu den Ellenbogen verkratzten Armen und einem herrlichen Muskelkater, stehe ich etwas kleinlaut vor Anita. Erfurt.

»Wie sind wir als Schule darauf eingegangen?«

»Es hat eine Schweigeminute gegeben. Gestern 11 Uhr. Gewerkschaftsaufruf. Aber die Durchsage ist wohl nicht überall angekommen.«

»Und im Jahrgang?«

Anita schüttelt den Kopf. »Nichts Verbindliches. Jeder hat für sich entschieden. Was uns verbunden hat, war die allgemeine Sprachlosigkeit.«

In der Tat. Ich selbst war insgeheim erleichtert, am Montag frei zu haben, das letzte Stück Rasen vertikutieren, Sträucher lichten, Bäume fällen, zwei Mercedesladungen Grünabfälle entsorgen und schließlich begleitet von einer nicht endenden ›Moby-Dick‹-Lesung nach Hause zuckeln zu können. Erst jetzt holt mich dienstlich ein, was in den Medien allgegenwärtig ist, die Bluttat am Erfurter Gutenberg-Gymnasium, 14 Kollegen, zwei Schülerinnen, ein Polizist niedergemäht von einem Wahnsinnigen, verhinderten Abiturienten, wahrscheinlich präzise zu derselben Zeit, als ich mich in unserem Mündlichen auf dem Fachprüfungsleiterposten so unendlich sicher wusste.

»Hat Hans-Peter vielleicht …?«

Hat er nicht, wie ich später erfahre. Als Co-Klassenlehrer, mit einer Doppelstunde Kunst im unmittelbaren Anschluss an die Schweigeminute hätte er können, aber.

Also doch ich? Was könnte ich den Kindern sagen?

Dass Erfurt die gesellschaftliche Landschaft in Deutschland verändert hat?

Dass ich das Wort ›Verbrechen‹ in den Kommentaren, Analysen, Talkshows vermisse?

Dass ich die Schuld bei der Schule, den Schulen, am wenigsten suche?

Dass ich Trauerunterschriftenaktionen (unser Buch liegt zwischen Hausmeister und Aufgang zum Vertretungsplan aus) mit gemischten Gefühlen, keineswegs mit selbst öffnendem Füllfederhalter begegne?

Dass ich die medienvermittelte öffentliche Betroffenheit für ein bloßes Ritual halte?

Und wenn die Schüsse von Erfurt das viel beschworene ›gesamtgesellschaftliche Phänomen‹ sind, wieso fällt dann die Gesellschaft aus allen Wolken? Guckt denn keiner nach elf Fernsehen? Surft denn keiner jenseits von Wikipedia im Internet? Haben denn die Eltern null Einblick in die Schubladen und Köpfe ihrer Kinder? Computerspiele, Gewaltvideos, Geheimbünde – sind das alles nur Vokabeln, Phantome?

Die entscheidende Frage scheint mir zu sein, was Gewalt so faszinierend macht. Warum ist ein Gewaltvideo ›geiler‹ als ein Goethegedicht? Action? Technische Perfektion? Gedankliche Schlichtheit? Leichte Konsumierbarkeit? Verwendbarkeit in Machtphantasien? Anleitung zur großen Gerechtigkeit?

Anfällig wären dann die Gelangweilten, die geistig Armen, die Frustrierten. Die größte Gefahr geht dabei von den Gelangweilten aus, denn sie sind die Mehrheit, – wodurch urplötzlich die Schule wieder angesprochen ist.

Warum inszeniere ich den ›Fischer‹ nicht als virtuellen Abgang in die coole Unterwasserwelt? Warum fördere ich meine minder begabte Jungensriege und die zwei, drei naiven Mädchen nicht so weit, bis sie für alle intellektuellen Abenteuer fit sind? Warum bringe ich für Yvonne Ehrenstadt nicht mehr Verständnis auf, so dass ihre Phantasiebegabtheit nicht in Frustration und Ödnis endet?

Unmöglich alles. Am unmöglichsten aber, den Medien Konkurrenz oder gar den Garaus machen zu wollen. Das vermöchte nur das kollektive Erleben von – ja, was? Das Erleben von Leistung, das Erleben eigener Schöpferkraft, das Erleben geistiger Wunderwelten, das Erleben einer erhabenen Natur, das Erleben der Liebe. Wer das hat, oder nur eines davon, der wird sich den Gang zum Videoshop sparen. Erleben geistiger Wunderwelten. Es gongt. Auf in den Deutschunterricht!

Freitag, den 3. Mai

Aktion Stadtreinigung, im zweiten Jahr. Als ich letzten Dienstag in meinen zwei Freistunden den für unseren Jahrgang vorgesehenen Bezirk abschreite und in Klassensegmente aufteile (von Aldi hinunter zur Fußgängerunterführung Westhagen, von dort den Fahrradweg lang zur Unterführung Detmerode, weiter in Richtung Tankstelle und Waldrand), das alles bei blitzblankem Sonnenschein, da stelle ich fest, dass sich unsere Schule in einem überaus sauberen Stadtteil befindet. Kaum Müll an den Straßenrändern. Was weggeworfen wird, liegt tief im Buschwerk, also auch für motivierteste Aktionisten nur schwer zu erreichen und in drei Wochen, wenn alles grün ist, ohnehin unsichtbar. Der meiste Müll liegt außerbezirklich im

Wald (Dutzende von Papierkörben scheinen dort wild entleert worden zu sein) und peinlicherweise innerhalb des IGS-Zauns, also ebenfalls out of bounds. Die ganze Aktion bei Lichte besehen – und die Sonne ist ja nach wie vor am Scheinen – weitgehend gegenstandslos.

Was wird das am heutigen Freitag werden, wo zudem der Wetterbericht Böses verheißt und die Regen schon eingesetzt haben? Die Stadt hat wie im letzten Jahr in großzügigem Umfang für Müllsäcke und Handschuhe (Baumwoll-, Einmal-) gesorgt; die Lunchpakete sind allerdings dieses Mal durch Überraschungseier und Verzehrbons (ab 13 Uhr Fete, Innenstadt) ersetzt.

Los geht's! Hans-Peter unten am Tunnel, ich oben. Nach zwanzig Minuten sind die Gutwilligen – die Jungen diesmal – an Handschuhen und Jeansbeinen durchnässt, die Mädchen hingegen, selbst Brigitt und Yasmen, machen sich halb ins Hemd, bevor sie sich zu irgendeinem noch so kleinen Reinigungsakt herablassen.

»Wenn ich mir meine Damen so anschaue«, sagt Hans-Peter, als wir uns in der Mitte treffen, »dann ist diese Aktion, ich sag mal, für unseren Jahrgang nicht so recht geschaffen.«

»Für wen ist sie überhaupt geschaffen?«, frage ich in unschönem Spott zurück (Will ich damit den Oberstadtdirektor treffen, oder doch Lydia, Kerstin, Victoria?).

Wenn ich von Hans-Peter eins lernen kann, dann ist es Gelassenheit, Heiterkeit, Distanz, Disengagement. Zweihundert Meter weit gelingt mir das ganz ordentlich; bis über die Ampelkreuzung hinweg. Dort vor der Schule werden die Müllsäcke abgestellt.

»Halt!«, rufe ich der enteilenden Klasse hinterher, obwohl wir bis tief, nämlich drei Minuten, in die große Pause hinein gearbeitet haben. »Ben und Lasse, kommt doch mal kurz zurück. Ihr müsst mir helfen.«

Wie? Es ist doch alles gemacht.

»Schaut mal! Unsere Säcke, da ist doch gar nichts drin!« Ich entknote einen. Boden bedeckt, gut bedeckt, mit Westhagener Kleinmüll, darüber sechs Paar Baumwolleinmalhandschuhe. Eine traurig schlaffe Angelegenheit.

»Aber die sind doch alle so«, bemerkt Lasse. Er meint die Säcke der anderen Arbeitsgruppen.

»Eben.«

Was will ich damit sagen? Die Säcke zusammenschütten natürlich. »Alles andere ist doch ein Witz!«

Hinterher haben wir, auch dank der Plastikradkappe, die Michael aufgelesen hat, einen randvoll gefüllten Sack.

»Was machst du mit den leeren Säcken?«, fragt Hans-Peter, der in diesem Fall eher verständnislos als belustigt daneben gestanden hat. Fünf Stück sind es, nass und nicht eben sauber.

»Ich nehm sie erst mal mit.«

»Aber nicht ins Lehrerzimmer?«

Ich grummele etwas zurück. Mir schwebt vor, sie notfalls für unsere Gartenabfälle in Braunschweig mitgehen zu lassen. Blitzschnell ist die Idee gereift, und blitzschnell könnte ich die Säcke, wo wir gerade am Parkplatz vorbeikommen, direkt in den Kofferraum des Mercedes werfen. Das geschieht aus Gründen der Optik vorerst nicht. Es wäre nicht die einzige Unregelmäßigkeit an diesem Aktionstag; denn als es an die Aufteilung der überzähligen Überraschungseier geht, steckt Anita uns jungen Vätern, Lothar, Eckhard und mir, je ein, zwei Stück aus der Palette zu.

»Ganz lieb, Anita.«

Leider hat sich Anita bei dem Exemplar für Stella (hässlich orangefarbener Plastikhut, mit der Aufschrift ›Let's go!‹) vertan, so dass ich, sobald allein im Lehrerzimmer, einen letzten tiefen Griff in den Überraschungseierkarton tun muss (leuchtend blau/›Kiss me‹, grün/›Don't worry!‹), damit der

Tag summa summarum in Ordnung geht. Unsere Schule –
ein Sumpf!

Dienstag, der 7. Mai

Wieder ein Aktionstag, ›Profis an die Schulen‹. Wer hier lange
über Idee und Inhalt der Veranstaltung grübeln will (Neue
Lehrer braucht das Land! Leute mit richtigen Berufen, Werk-
zeugmacher, Rechtsanwälte, Friseusen, ab in den Unterricht!),
der braucht viel Zeit und Phantasie. Wir Laienpädagogen
mussten uns darüber hinaus mit Rölles erst am letzten Freitag
telefonisch ergangenem Eilbefehl auseinandersetzen.
»Aus jeder Kerngruppe eine Street-Soccer-Mannschaft benennen. Ja, möglichst gestern!«
Ich denke, ich höre nicht recht! Rölle klärt auf: Zusätzlich zur
großen Abendveranstaltung mit einer Fülle von Informations-
und Aktionsangeboten geht es während der Unterrichtszeit,
jetzt kommt's, um Fußball! Spieler des VfL Wolfsburg werden
an unsere Schule kommen (›Profisport zum Anfassen‹?), Fragen beantworten, Autogramme geben, vielleicht ein kleines
Showtraining zeigen. Das Ganze moderiert von Radio FFN,
aufgepeppt von der Braunschweiger Cheerleadertruppe ›The
Honeybees‹ und, wie gesagt, ergänzt durch ein Street-Soccer-
Turnier. Freuen wir uns auf großzügig gesponsorte Preise
(Stadtsportring? VfL? Volkswagen?), Würstchen und Getränke
von unserem Mensateam und hoffentlich gutes Wetter!
»Was ist Street Soccer?«, frage ich mich. Ich habe eine vage
Antwort bereit, will aber lieber auf Lara, Florian und René
vertrauen, die ich zufällig vor dem Stundenplanbüro antreffe
(wollen wahrscheinlich wissen, ob AWT nicht ausfallen kann,
Marx-geschädigte Gruppe).
»Ist cool, Street Soccer.«

»Würdet ihr da eventuell mitspielen?«

»Ja!«, sagen alle vier; denn jemand Viertes muss noch dabei gewesen sein.

»Wer könnte außer euch noch mit von der Partie sein?«

»Wie? Sind doch nur vier Mann in einem Team!

Life can be so simple, könnte Eckhard Schöller an dieser Stelle sagen, fasziniert von einem Motto, das er, der alte Weltverbesserer, gern mal im Lehrerzimmer zum Besten gibt. Ich hingegen bin vorsichtig.

»Vielleicht wollen ja auch noch andere. Ich notier mir erst mal euer Interesse, und morgen sehen wir weiter.« Aber morgen ist Samstag, und am Montag bin ich nicht in der Schule. Muss also Hans-Peter übernehmen, denke ich, aber ich ahne, dass ich ihn nicht mehr erreiche, und sage mir, wenn nichts aus dem Street-Soccer-Team werden sollte, dann sind die Organisatoren schuld, so spät, wie sie uns informiert haben.

»Überhaupt, ›Profis an die Schulen‹, wieso ist das identisch mit ›Profifußballer an die Schulen‹? Was haben wir mit dem VfL zu schaffen? Wer nützt hier wem? Soll der aufstrebende Bundesligaclub unseren Schulsport dynamisieren? Oder sucht der Verein eine neue, zukunftsorientierte PR-Platform? Ich bin ratlos. Bin auch entsetzt, wie urplötzlich ohne schuldienlichen Sinn, ohne die Spur eines pädagogischen Konzepts gesellschaftliche Außenkräfte knallbunt und lautstark in unser Schulleben einziehen, und wir Lehrer nicht einmal davon wissen. Auf wessen Beschluss stehen heute nach der großen Pause diese vier Athleten, zwei davon des Deutschen mächtig, auf unserer Außenbühne? Wer hat für den FFN-Moderator mit dem frechen Haarschnitt und den flinken Sprüchen und dem flotten Namen (›bursche.de‹) in welchem Gremium die Hand gehoben? Das sonnige Wetter, den frischen, frischen Wind, wer hat das bestellt?

Ach, wäre ich doch, wie eigentlich geplant, drinnen geblieben im guten alten Schulhaus! Hier draußen, so sage ich mir selbst, spricht nur der Neid, ja die Eifersucht des braven Lehrers. Dabei sind mir die vier Leistungsträger des VfL, die nach wie vor stumm und vielleicht sogar, wie ich, mit der Sinnfrage hadernd auf der Bühne posieren, herzlich egal. Wer mir zusetzt die halbe Stunde lang, die ich mich blicken lasse, ist der Bursche von FFN. Er macht seine Show, wie ich meinen Unterricht machen müsste: flott, witzig und immer gut drauf. Die Schüler (und Schülerinnen!) drängen sich, säßen wohl am liebsten auf dem Bühnenrand, und schreien »Hier!«, wenn er wieder einmal die aufblasbaren Winkehände in die Menge wirft. Menge? Eigentlich ist es mehr eine Traube; der Rest der Schüler stromert auf dem Rasenplatz umher, schaut mal in die zwei riesenhohen, bisher leeren Soccer-Umzäunungen oder lässt seine Schussgeschwindigkeit an einem eigens errichteten Elfmetertor messen.

Die ursprüngliche Planung war gewesen, am Vormittag die 5. und 6. Klassen zu irgendwelchen Festaktivitäten rauszuschicken und ab 13.00 Uhr, nicht etwa 13.15, wenn die 6. Stunde endet, die Jahrgänge 7 bis 10 zum Soccer-Turnier folgen zu lassen. In der Mitte des Vormittags, d. h. wohl auch so ziemlich in der Mitte meiner beiden Freistunden, kommt ein Anruf vom Festplatz. Eckhard Schöller.

»Wir brauchen dringend mehr Publikum. Kannst du ein paar Klassen rausbeordern?«

»Bester Eckhard!«, entgegne ich. »Wer bin ich? Wir sind mitten in der Stunde.« Anita nicht greifbar. Meine eigene Klasse irgendwo in Haus C. Naturwissenschaften.

Eckhard Schöller lässt nicht locker. Draußen sieht es inzwischen offenbar recht öde aus. Ich zucke nur mit den Schultern. Eckhard spürt das. Wir legen auf.

Zehn Minuten später hört man Eckhards energisches, immer etwas hastiges Organ im Jahrgangsflur Entscheidungen fällen, oder weitergeben. Anita und Rölle haben mittlerweile von dem außerunterrichtlichen Notstand Kenntnis erhalten. Neue Devise: alles raus, was Beine hat!

»Mit der Maßgabe«, ergänzt Anita, »dass die Schüler zu Beginn jeder neuen Unterrichtsstunde im Klassenraum zu erscheinen haben.« Um die Entscheidung des jeweiligen Fachlehrers, raus oder Unterricht, abzuwarten.

Dass mein Englisch-A-Kurs pünktlich und fast vollständig zur 5. Stunde erschienen ist, habe ich zweifellos dem Burschen zu verdanken, der ebenso zweifellos gesagt haben wird: »Sonst gibt's Stress mit den Lehrern, und das wollen wir heute möglichst vermeiden.« Umso größer die Bestürzung, als ich den Schülern bedeute, dass wir, natürlich, Unterricht machen (»What with our test on Friday?«).

»Oah, Herr Bauer!«

»Wir gehen einmal die ›Love Story‹ durch, ihr kennt sie ja, und wenn wir damit fertig sind, dann verspreche ich euch ...«

Die Folie liegt längst auf. Wer ist die bravste? »Sabina, you start.« (Oder verkehren wir heute klugerweise auf Deutsch, wie es die Aufgabenstellung ›Übersetze‹ sehr wohl zugelassen hätte?)

Sabina startet widerspruchslos. Es geht um ›reflexive and non-reflexive verbs‹. Und um Liebe.

Sie trafen sich auf dem Weg zur Schule, als sie 14 waren. Sie liebten sich auf den ersten Blick (at first sight). Sie sahen sich jeden Tag. Sie kauften sich an Sommertagen ein großes Eis (ice-cream), wenn sie es sich leisten konnten, oder heißen Kakao (chocolate) im Winter. Sie wussten, sie würden für immer in einander verliebt sein. Sie trennten sich nie. Sie stritten sich nie. Nachts schrieben sie sich lange Briefe. Wenn sie es schwer hatten (in times of trouble), dachten sie von sich als Romeo und Julia (Juliet). Er konnte sich nicht erinnern, je ein schöneres Mädchen gesehen zu haben (ever having seen). Sie konnte sich nicht vorstellen, ohne ihn zu leben. Sie wussten, das würde sich nie ändern.

Heute sind sie verheiratet und können sich nicht beklagen. Sie können sich ein großes Haus mit Garten leisten, für sich und ihre zwei Kinder und den Hund.

Heute sind sie glücklich verheiratet, wenn auch nicht mit einander. Sie schicken sich Weihnachtskarten und erinnern sich der alten Zeiten mit einem Lächeln.

Wie hiernach die Kurve zum Aktionstag kriegen – tagebuchlich, meine ich. Die Mädels und Jungens spritzen raus where the action is. Wenn sie auch nur ahnten, dass die ›Love Story‹ wortwörtlich im Test vom Freitag auftauchen wird, müssten sie dann nicht ein kleines anerkennendes Nicken aufbringen?

Mittwoch, den 8. Mai

»Ich brauche dringend ein Gespräch«, sagt Dieter Marx, Arbeitslehre-Wirtschaft-Technik. Es geht um Yvonne E. und Kerstin N.

»Wie die beiden sich im Unterricht aufführen, das spottet jeder Beschreibung.«

»Ich kann es mir lebhaft vorstellen«, sage ich. »Dienstag, 6. Stunde?«

Aus Dienstag wird Mittwoch. Aus der kleinen Vorladung, was wird daraus?

»Ich habe um dieses Gespräch gebeten …«, beginnt Dieter Marx.

»Wir haben genauso um dieses Gespräch gebeten«, funkt Yvonne dazwischen.

»… weil ich das Verhalten von Kerstin und Yvonne in meinem Unterricht nicht länger hinnehmen kann«, fährt Dieter Marx fort. »Und deine vorlaute Art, Yvonne, die passt genau ins Bild. Leistungen total im Keller, die Arbeitshaltung desgleichen, Materialien nicht vorhanden, ständige Nebenbeschäftigungen, Zeichnereien, Briefchen, Gespräche. Und vor allem, dein provokantes Auftreten, deine Angewohnheit, dich in all und jedes einzumischen, deine patzige Art. Unerträglich.«

»Darf ich jetzt auch mal was sagen?« Patzig. Höchste Betonung auf ›auch‹.

»Nein, Yvonne«, sage ich, »hör dir das nur mal in Ruhe an. Herr Marx steht ja mit seiner Beurteilung nicht alleine da. Ich mache exakt dieselben Beobachtungen, Herr Goedecke ebenso. Und«, kleine Pause, »wir alle wissen, die Lehrer und du selbst, dass du dich leistungsmäßig weit unter Wert verkaufst.«

»Herr Bauer«, sagt jetzt Kerstin, in ihrer wahrheitsheischenden Art, mit zugleich ruhiger, dennoch leicht bebender Stimme; das Ganze hat etwas Bedrohliches, »darf ein Lehrer eine Schülerin gegen die Wand schubsen?«

Natürlich darf er das nicht, müsste meine Antwort lauten. Aber ich sage: »Das darf er nicht. Das soll er nicht. Das wird er nicht.«

Höhnischer Protest von Yvonne. Beteuerungen von Kerstin.

Dieter Marx, dessen Gesicht zu Rötung neigt, wappnet sich. »Moment mal«, sagt er und richtet sich im Stuhl auf, »der Vorgang war folgender.«

(Genau! Sagt mir, was vorgefallen ist, dann kann ich meine Sicht der Dinge beisteuern. So hätte die Moderation lauten müssen.)

»Am Ende der AWT-Stunde teile ich bestimmte Schüler für Ordnungsaufgaben ein, Tafel, Werkzeuge, Fegen. Was passiert? Yvonne steht plötzlich vorne und dirigiert alles um. Nicht der, sondern ein anderer, und die und die schon gar nicht.«

»Stimmt überhaupt nicht! Ich habe …«

»Bitte unterbrich mich nicht. Ich weise also Yvonne zurecht, aber sie hört nicht. Oder will nicht hören.«

»Will nicht hören!« (Ich glaube, ich spinne.)

»Also, jetzt hältst du mal den Mund. Diese ständigen Unterbrechungen.«

»Sie haben mich ja auch unterbrochen.«

»Ich dich unterbrochen?! Unverschämtheit. Du hattest gar nicht das Wort.«

Muss ich mich wieder einschalten? Ja, dringend. »Jetzt berichtet Herr Marx. Bitte keine weiteren Unterbrechungen: Danach habt ihr ausreichend Gelegenheit.«

Dieter hat also Yvonne, nachdem sie sich weiter so aufgeführt hat, gepackt und ›unsanft‹, so meine kleine Protokollnotiz, zurück an ihren Platz befördert. Das war alles.

»Und das haben wir längst besprochen. Ich habe dir gegenüber mein Bedauern zum Ausdruck gebracht. Deshalb verstehe ich nicht, was das hier noch soll.«

»Das meint Yvonne ja gar nicht, das Schubsen in der Klasse. Sie meint das nach der Stunde, als Sie sie gegen die Wand geschubst haben.«

»Ich habe niemanden gegen die Wand geschubst.« Zornesröte.

»Aber die ganze Klasse hat's gesehen.«

»Die Klasse war längst draußen.«

»René war noch drinnen.«

»René ist nicht die ganze Klasse.«

»René hat's von innen gesehen und die Klasse von draußen. Sie legen doch immer das Holzstück in die Tür, damit sie nicht zufällt.«

»Und durch diesen Spalt«, Dieter Marx deutet mit seiner AWT-Lehrerhand fünf Zentimeter an, »will die Klasse was gesehen haben?!«

»Sie können sie ja fragen.«

»Das werden wir auch!«, poltert Dieter. »Bei nächster Gelegenheit werden wir das!« Er ist jetzt sichtlich erregt. Zwei alte Männer, denke ich, und das junge Gemüse. Dieters gewaltige Stirn glänzt, die Stimme schwillt. So etwas lässt er nicht auf sich sitzen, ein Bär von einem Mann, und wer weiter derartige Behauptungen aufstellt, Kopf gesenkt, Blick über den Brillenrand, der bekommt es mit ihm zu tun.

Dann plötzliche Beruhigung. Dieter wendet sich in dem Versuch, der Szene einen Rest Komik zu lassen, an mich. Es ist nicht zu fassen! Yvonne und Kerstin werden wegen wiederholten massiven Fehlverhaltens herzitiert, und nach kaum zehn Minuten sitzt er selbst auf dem Prüfbock.

»Also fragen wir die Klasse!«, drängt Yvonne, ist schon halb unterwegs.

»Wie? Doch nicht jetzt!« In meinem Ton schwingt ein ›Biste verrückt?‹ mit. Die Klasse ist mitten im Unterricht, und in keiner Weise identisch mit der AWT-Gruppe.

»Das klären wir nächsten Freitag«, sagt Dieter Marx. »Und Herr Bauer, wenn er möchte, kann gern dabei sein.«

Alles geklärt also? Leider nicht; denn Herr Marx äußert in einer Nachbemerkung neue Sehweisen. So sicher er sich der entlastenden Aussage der Klasse ist, wenn sie fair ist, so wenig wird er jedwede gegen ihn gerichtete Abweichung gelten lassen; er kann sich an keine Handgreiflichkeit erinnern und Punkt. Sich den Launen von Schülern ausliefern, das fehlte! Wie schnell die Phantasie mit einer aufgeheizten Klasse durchgehen kann! Nein, je länger er nachdenkt, er sieht keinen Sinn in einer solchen Befragung.

Jetzt sind drei Leute enttäuscht, Yvonne, Kerstin und ich. Die Mädchen sind sofort wieder auf achtzig; ich falle auf null zurück. Ich ahne, dass die Anschuldigungen nicht gänzlich aus der Luft gegriffen sind. Wahrscheinlich war der Lehrer bis aufs

Blut gereizt, denn wie des Weiteren aufgerollt wird, hat Kerstin ihm in einem Anfall von Wut und, was weiß ich, Gerechtigkeitssinn einen Besen vor die Füße geschmissen, ist dafür der Klasse verwiesen worden, hat aber, als es gongte, Yvonne noch schnell etwas geben oder sagen wollen. Yvonne hat daher die ihr aufgetragene Ordungsaufgabe kurzfristig sausen lassen, wahrscheinlich verbunden mit einer rotzfrechen Bemerkung und Dieter Marx hat das nicht dulden können. Ich möchte den Mädchen Recht geben und ich möchte Dieter Marx Recht geben. Deswegen meine Schwäche. Erst ganz zum Schluss, als Dieter längst keinen Sinn in unserem Gespräch mehr sieht, fasse ich zusammen und – »gehe davon aus, dass das klärende Gespräch am Freitag stattfindet«.

Gott sei Dank, es ist raus! Kurzer Blick zu Dieter Marx. Jawoll, es findet statt. Natürlich. Wie gesagt.

Mittwoch, den 8. Mai

Eine zweite Eintragung am selben Mittwoch? Aber natürlich, wir haben doch eine zweite Yvonne und eine zweite Kerstin. Yvonne Schmitt, deren Mutter mir neulich im Gespräch gegenüber saß und sichtlich erleichtert ihren Entschluss mitgeteilt hat, die Tochter endgültig von der Schule zu nehmen. Und Kerstin Graub, deren Mutter ich gerne einmal wieder gegenüber säße. Diese beiden hübschen Mädchen stehen in der Pause nach der AS-Stunde, weiß Gott nicht allein, vor unserer Klasse, Kerstin mit dem Rücken fest an der Heizung, Yvonne mit dem Rücken zu mir, der ich gerade auf dem Weg aus der Klasse ins Lehrerzimmer bin, und sind auf liebste, leiseste, girlsmäßigste, aber auch entrückteste Weise am Bumsen.

›Bumsen‹ ist normalerweise nicht mein Wort, weil es ja nie richtig passt, aber jetzt und hier ist es genau das! Weggucken und hingucken sind eins. Perfekter jeansverpackter Kleinsex. Innocence in motion. Liebesspiel, Betonung auf Liebes, Betonung auf Spiel, wie sie es schöner vielleicht nie erleben.

So, fuck off, teacher!

Aber wie kann ich das, bin ja im selben Moment entdeckt. Von Kerstin, die – den Spaß noch lange im Blick – Yvonne antippt. Und von Yvonne, die alsbald ablässt und mit lustvollem Entsetzen evagleich einen Fluchtbogen rüber zu den Schließfächern schlägt, wobei ihr Auge das meine nicht loslässt, so als erwarte sie die unmittelbare Vertreibung aus dem Paradies.

Ich habe derweil schon irgendetwas Dummes gesagt. »Was macht denn ihr beiden da?« Oder sogar Anzügliches. »Ist ja heiß.«

Ansonsten Stille im Flur. Yvonne und Kerstin haben sich wohl in die Klasse geschlichen. Ich schleiche mich in die totenleere Jahrgangsstation.

Seit diesem Nachmittag will ich Yvonne weniger denn je gehen lassen. Wenn ihre Mutter morgen vor der Tür stünde, um die Tochter wieder anzumelden, dann wollte ich ihr in die seegrünen, etwas eng bei einander stehen Augen blicken und »Recht so, Frau Schmitt« sagen.

Freitag, den 17. Mai

Ideal wäre es, jeden Tag bis zur letzten Stunde Dienst zu schieben. Dann könnte man regelmäßig, in magistri classis persona, den Ordnungsdienst anspitzen, die Schüler zusammenstauchen (»Stühle hoch! Müll entsorgen!«), Nils Kreislers blitzartige Bankflucht vereiteln, Kerstin Graub und Lydia zum Aufheben ihrer Kaugummipapiere anhalten und insgesamt mit beruhigtem Gefühl den Vorfeierabend antreten.

Eine gute Idee wäre es immerhin noch (»Nicht durchführbar, liebe Stundenplaner, ich weiß«), den Tag mit Unterricht im Klassenraum zu beenden, anstatt die Kinder am Nachmittag bzw. am Freitag in der 5. und 6. Stunde, in die diversen Wahlpflichtbereichs-, Naturwissenschafts-, AWT-Räume ausfliegen zu lassen. Kein Ordnungsdienst der Welt, kein noch so vorbildlicher Schüler (oder Lehrer) denkt nämlich nach einer vierten Stunde daran, wenn also die Vermüllungstätigkeit erst ihrem Höhepunkt zustrebt, etwa für Fußbodenreinheit zu sorgen.

Die Quittung beziehen wir gelegentlich – sehr gelegentlich: Wir sind schließlich das zweite Jahr in Folge zur Umweltkerngruppe des Jahrgangs gekürt worden; Urkunde hängt – in Form eines in Aussiedlerhandschrift beschämend sauber an die Tafel gebrachten Appells, dass wir ›Bitte die Klasse besser in Ordnung halten‹ sollen.

»Schaut mal«, sage ich in solchen Fällen, »die Putzfrauen, die ärmsten der Armen, haben sich wieder zu beklagen. Könnt ihr nicht in Zukunft …?«

»Das waren nicht wir, das waren andere«, heißt es dann im günstigeren Fall. Im ungünstigeren fällt die Schuld sogar auf meine Lateiner; mit großem Unrecht, denn wenn ich in dieser ohnehin sauberen Gruppe nicht den notorischen Kevin für irgendeine unterrichtliche Ordnungswidrigkeit zum Fegen verdonnern kann, ja dann greife ich in der Einsamkeit des Lehrers nach dem Gong selbst zum Besen.

»Also bitte!«

An die eigene Nase fassen sollen sie sich! Als ich heute anfangs der fünften Stunde die AS-Aufgaben anpinnen gehe, da haben wir wieder einmal die Bescherung!

»Wer hat Ordnungsdienst?«

Diana, Sonja, aha! Wer war der letzte Fachlehrer? Fuchs, Mathe-B-Kurs. Oih (Ausdruck peinlichster Berührung)!

Diesmal erniedrige ich mich nicht. Ich hoffe vielmehr, den einen oder anderen Verantwortlichen im AWT-Unterricht anzutreffen. Vergeblich, wie ich von Florian, Ben Trotta und Kerstin Graub erfahre. Sie lungern in der Sitzecke am Treppenaufgang zum Stundenplan (zum Sekretariat, zu den Brieffächern, den Lehrertoiletten; überall wollte ich noch vorbeischauen).

»Was macht ihr denn hier?« Ein Vorwurf muss her, egal an wen gerichtet.

»AWT fällt aus.«

»AWT bei?«

»Niethammer. Wir warten auf die anderen.« Niethammer? Ich blicke streng.

»Herrn Niethammer.«

»Was ist mit Sonja und Diane?«

»Die sind doch bei den Gospelkigs.«

Dann haben wir ein Problem. Ich führe kurz aus. Und warte. Nein, ich brauche gar nicht zu warten. Kerstin und Ben nehmen einander fast bei der Hand, so brav und entschlusslieb machen sie sich auf den Weg.

»Kerstin, Ben!«, rufe ich und füge, den Klassenschlüssel in hohem Bogen hinterherwerfend, hinzu: »Das merke ich mir!«

Werde ich es mir merken? Am Ende kriegen sie doch unterschiedslos alle ihr B fürs Sozialverhalten (›entspricht den Erwartungen in vollem Umfang‹) und sind, wenn man nur konkrete Aufzeichnungen hätte, wer weiß, in Wahrheit A- oder C-Kandidaten. Bisher ›verdient Anerkennung‹ ausschließlich Lara, und nur der eine oder andere Baddie ›entspricht den Erwartungen mit Einschränkungen‹. Ein D im Sozialverhalten wird gar nicht verteilt, obwohl es die Definition (›entspricht nicht den Erwartungen‹) hergäbe. Auch hier könnte eine sauber geführte Liste (›stellt Bein‹, ›nennt Mitschüler Wichser‹) bereinigend wirken. Also aufgepasst, Yvonne!

Renate in Hannover, die ich in diesem Tagebuch sträflich vernachlässigt habe, geht das Problem auf andere, psychoarithmetische Weise an.

»Statistisches Unding«, wird sie gesagt haben. »Die Lehrer finden einen Durchschnittstypus von Schüler, aber keine mittlere Bewertungskategorie vor. Was machen sie? Sie schlagen in dubio den gesamten Bauch der Verteilungskurve zur nächst besseren Kategorie B.«

Flugs wird das geplant, was ursprünglich wegen der faktischen Nähe zur Notengebung vermieden werden sollte, eine Fünferskala. Ab Schuljahr 02/03 Erlass.

Ach, kaum wird sich der Lehrer eines pädagogischen Problems dunkel bewusst, schon löst es ihm seine ferne Ministerin!

Mittwoch, den 22. Mai

Mal ein Fußball, mal ein Haarspray, mal ein Englischheft mit nachgewiesenermaßen abgeschriebenen Aufgaben, mal ein Handy, mal ein Feuerzeug – all das landet auf dem Schreibtisch eines Klassenlehrers, meist versehen ›mit der Bitte um Klärung‹ oder ›Verwahrung‹. Fußball, Haarspray, Englischheft sind in diesem Falle und diesem Schuljahr gefühlvoll erfunden. Das Handy hingegen ist real; Lothar hat es einkassiert, in der wenig konsensfähigen Überzeugung, dergleichen habe in der Schule nichts zu suchen.

»Ich kümmere mich drum«, sage ich, was im Klartext heißt, Kerstin Neumann kriegt ihr Handy in der nächsten großen Pause zurück. Kerstin Neumann? Moment mal, was ist da im Display zu lesen, in hübschen Diodengrün? ›Ich töte dich‹, zwei Leerzeilen, dann ›Aber wirklich‹.

Eine Bombe in meiner Hand. Welche Tasten muss ich, nein, darf ich in keinem Fall drücken, um sie hoch gehen zu lassen?

Mit seltsamer Faszination fingere ich in der Tastatur. Abändern? Löschen? Absenden (um Gottes willen)? Ehe ich mich versehe, ist der Text verschwunden. Was tun?

»Das können wir nicht einfach auf sich beruhen lassen«, sage ich mir später, und sagt auch Anita, als ich sie in einer Mathebesprechung mit Jens Hütteroth kurz unterbreche. Jens Hütteroth, als Sek-I-Stufenleiter für tausenderlei Dinge, darunter auch, in welcher Randlichkeit auch immer, für Pädagogisches zuständig.

»Jetzt erzähle uns mal, wie dieser Text«, Jens schaut sich vergewissernd zu mir herüber, wartet auf mein Nicken, »wie dieser Text ›Ich töte dich ... Aber wirklich‹ auf dein Handy kommt. Das ist doch dein Handy?« Es liegt metallic silberblau auf dem Tisch, Unschuldsdisplay.

»Na klar ist das mein Handy«, antwortet Kerstin, Unterton: Ist ja wohl nicht verboten. Zur Beantwortung der eigentlichen Frage muss sie genötigt werden.

»Ist doch nur Spaß« ihre Antwort.

»Wie kommt es auf dein Handy?«

»Von einem Freund.«

»Wie kann ein Freund dir die Nachricht ›Ich töte dich‹ schicken?«

»Er hat mir das nicht als Nachricht geschickt. Ich hab's halt von ihm. Den Text und das Logo.«

Das muss Kerstin erklären. Es gibt demnach Anbieter, die solche Messages verkaufen, mit Bild. Auf Nachfrage ruft Kerstin mit ein, zwei Eingaben das Logo auf, eine infantil wirkende kleine Grafik, ohne die Grausigkeit des darüber erschienen Textes.

»Was kostet so was?«

»Ganz schön«, sagt Kerstin.

Gern hätten jetzt drei Lehrkräfte gewusst, wie viel genau,

lassen aber, vielleicht um Kerstin nicht unversehens zur Sachverständigen hoch zu stilisieren, Diskretion walten.

»Und das schickt ihr euch?«

»Aber nur unter Freunden.« Weil es ja Spaß ist.

»Aber warum?«, will Jens wissen und kriegt keine Antwort. Ich könnte sie ihm geben; sie würde sich in dem einen Wort ›geil‹ erschöpfen, das Kerstin, verschlossen wie sie ohnehin ist, in dieser Runde wohl nicht in den Mund nehmen möchte. Faszination der Gewalt, da ist sie wieder.

»Aber Kerstin, das ist doch entsetzlich!«, fährt Jens fort. »Ihr habt euren zweifelhaften Spaß, und im Hintergrund sitzt eine zynische Kommunikationsindustrie und lacht sich ins Fäustchen.«

Wie herrlich ernst Jens Hütteroth ist! Wie sorgenvoll sein Blick. Wie klar seine Argumentation. Wie unabweisbar sein Appell. Und Kerstin? Sitzt da.

Anita fügt noch das ausdrückliche Verbot an, solche Messages je weiter zu verwenden; denn »derartige Dinge haben an unserer Schule nichts zu suchen«. Ich weise pflichtschuldigst darauf hin, dass wir – nach Erfurt – auch den dümmsten Schülerspaß ernst nehmen müssen. »Und, Kerstin, es ist ja nicht das erste Mal.« Massiver Handymissbrauch am Anfang des Schuljahrs, Adressatin Victoria.

Bevor Kerstin ausführen kann, wer damals eigentlich schuld war, sagt wer: »Überleg es dir noch einmal. Und«, als sie schon auf dem Weg zur Tür ist, »vergiss dein Handy nicht.«

Florian, der Pechvogel, wäre froh, wenn er sein Zippo-Feuerzeug genauso schnell zurück erhielte. Aber bei harmlosen Vergehen und unproblematischen Schülern ahnden wir natürlich härter.

»Bis zu den Sommerferien«, war mein unerschütterlicher Bescheid, tiefe Enttäuschung seine Reaktion. Er kann ja nicht wissen, dass ich das gleiche Feuerzeug, ein Original Zippo wie gesagt, vielleicht eine Spur matter, stahliger, vor 40 Jahren im PX der US-Army-Cafeteria in Bergen-Hohne, unter den Jukeboxklängen von ›Corinna‹ oder dem ›Blue Tango‹, in stammelndem Abiturientenenglisch für drei Stundenlöhne als Kitchenhelp in meinen Besitz bringen konnte. Und mittels zweier Bierflaschenverschlussgummis mit einem Kleinstbild von Sigrun Evers versehen habe. Jetzt öffne ich Florians Zippo manchmal, lausche auf das präzise, musikalische Geräusch des Deckels und schnuppere Benzinduft.

Donnerstag, den 30. Mai

Ich will endlich einen Schlussstrich unter die diversen Erziehungsmaßnahmen, sprich Nachsitztermine, ziehen und rufe deshalb Frau Lotzin an. Ben Lotzin ist nun wahrlich keine Yvonne Ehrenstadt/Schmitt, aber während diese beiden brav ihren Freitagnachmittag (»13.30 bis spätestens 15.30; dann wird die Schule abgeschlossen – also bitte!«) absitzen, fehlt doch tatsächlich der kleine Benni!

»Wenn Benni nicht kommt, dann kommen wir auch nicht. Pöhh!«, war argumentiert worden.

»Warum soll Benni nicht kommen?«, meine arglose Frage.

»Weil er vielleicht schon weg ist?«

Er hat ihnen gesagt, er kommt nicht. Das darf nicht wahr sein! Kaum dass mit der Marx-Geschichte der gröbste Brocken aus dem Weg geräumt ist, nun ein Brocken namens Benni?

Die Marx-Geschichte. Sie hat sich bezeugtermaßen, nämlich von mir selbst im kellerigen Vorraum der AWT-Räume bezeugt, durch die Aussage von René Altmann, Dieters rechter Hand, erledigt.

»So, René, jetzt erinnere dich mal genau an die AWT-Stunde,

als es die Auseinandersetzung mit Yvonne und Kerstin gab. Habe ich da Yvonne an die Wand gestoßen?«

»Nein«, sagt René aus seinem ehrlichen Gesicht heraus, »ich habe nichts gesehen.«

»René, du warst unmittelbar anwesend. Wenn ich Yvonne an die Wand gestoßen hätte, hättest du es dann sehen müssen?« Dieter geht auf Nummer Sicher. Die Mädchen stehen René skeptische zwei Meter gegenüber und müssen anhören, wie er »ja« sagt.

»Also geklärt.« Dieter Marx zuckt die Schultern wie über einer Lappalie.

Yvonne und Kerstin, die sich schon zu dieser Kurzunterredung verspätet hatten (»Wir waren vielleicht auf Toilette!«), werden sich auch zur zweiten der AWT-Doppelstunde verspäten, massiv verspäten, weswegen sie nun bei Herrn Marx nachsitzen werden. Irgendwann reicht's!

Zu meinem ersten Freitagnachmittagtermin hatten (›wegen versäumter oder verspätet abgegebener AS-Aufgaben‹) ursprünglich Yvonne und Kerstin, Kevin, Ben, Benni und Hannes auf der Liste gestanden. Von den Jungs war nur Ben Trotta erschienen. Kevin krank. Also am Wochenende je ein Brief an die Elternhäuser Ganzmann und Lotzin (›wäre Ihnen dankbar, wenn Sie dazu beitragen könnten, unsere schulischen Unregelmäßigkeiten etwas zügiger zu bereinigen. Mit freundlichen Grüßen‹). Das lästige Briefschreiben hatte ja eigentlich durch meinen zurückliegenden eindringlichen Appell an die Klassenelternschaft vermieden werden sollen, in dem ich gebeten hatte ›zur Einübung in die Arbeitsweisen des AS-Unterrichts‹ sich mit rechtzeitiger mündlicher Information durch ihre Kinder zufriedenzugeben. Hier geht es also nicht anders.

Frau Ganzmann meldet sich telefonisch, hatte mir vorher schon ein kleines Schreiben zukommen lassen, des Inhalts, Hannes habe die AS-Aufgabe sehr wohl angefertigt, sogar vor der Zeit, sie habe das Heft selbst gesehen, während meine Version, Hannes habe die fragliche Aufgabe erst am Dienstag nach Termin in der neuen AS-Stunde angefertigt, einfach nicht stimmen könne.

»Ja, wenn das so ist, Frau Ganzmann«, hatte ich mit einem Seufzer gesagt und die Sache auf sich beruhen lassen, im Stillen denkend, für fünfe lohnt sich's immer noch. Nächster Anruf.

»N'Abend, Frau Lotzin. Sie wissen sicher, warum ich anrufe.«

»Ja, wegen Benni, ich weiß. Ich habe ihn«, sagt sie in ihrer lieben, mädchenhaften, etwas gurrenden Stimme, »am Freitag nicht schicken wollen.«

»Was?! Sie«, ungläubig, »haben ihn nicht schicken wollen?«

»Ja. Benni hatte einen so langen Schultag, da mochte ich ihn nicht weiter belasten.«

»Aber beste Frau Lotzin! Wie können Sie den pädagogischen Maßnahmen der Schule dermaßen in den Rücken fallen?!«

»Das habe ich mir auch gesagt, Herr Bauer, glauben Sie's mir«, munter sprudelt es aus ihr heraus, »aber als mir Benni erzählte, dass Hannes auch nicht mehr zu kommen brauchte, da konnte ich nicht anders. Die beiden verstehen sich doch so gut.«

»Hannes' Fall, Frau Lotzin«, ich versuche mich in Schärfe, »tut hier nichts zur Sache. Es geht um Benni; er hatte seine Aufgaben nicht vorgelegt, das ist unbestritten, und ist zu seinem nunmehr zweiten Nachholtermin nicht erschienen. Das können Sie nicht vertreten. Und wir können es nicht dulden.«

»Ich denke halt an den Jungen. Er ist doch noch so ...«

Was? Klein? Lieb? Verspielt?

»Sie tun Benni damit keinen Gefallen.«

Frau Lotzin weiß das. Ihre Stimme sagt, sie ist halt so.

»Zumal Benni um die Aufgabenstellung natürlich nicht herumkommt.« Bitter nötig hat er es, gerade er, sich stärker am

Riemen zu reißen. »Sie kennen ja seine Leistungen im letzten Halbjahr, und in diesem sieht es um keinen Deut besser aus.« Wenn nichts hilft, hilft Leistungsdruck.

»Gerade deshalb denke ich immer, man darf unseren Benni nicht so hart anfassen.«

Ich gebe auf. Einen neuen Nachsitztermin habe ich nicht parat; den dritten Freitag hintereinander will ich nicht ans Bein binden. Also wird es wohl auf eine ›längere schriftliche Nacharbeitung‹ hinauslaufen. Ich sehe Bennis Deutschheft vor mir, ich sehe seine Handschrift und könnte, während Frau Lotzin mir noch ihren Sohn erläutert, auf der Stelle heulen.

Dienstag, den 27. Mai

»Ist das nun eine Pflichtveranstaltung oder ist es freiwillig?«

Wolf hat sich ein wenig um die Antwort herumgedrückt: Ich kennte doch das ›White Horse Theatre‹ und seine begeisternden Aufführungen seit Jahren, ich kennte auch meine Schüler, wisse, was ich ihnen zumuten könne, und wisse vor allem, was ich ihnen nicht vorenthalten dürfe, schließlich kennte er – Freund und Fachbereichsleiter, der er ist – mich als jemanden, der seinen Schülern mit zwei Worten, mit einem Blick zu verstehen zu geben wüsste, was für sie eine selbstverständliche Pflicht zu sein hat.

»Freiwillig« ist dennoch Wolfs letztes Wort. Abrupt dreht er ab und hat unsere Lehrerstation schon verlassen. Ich stehe da mit 30 Tickets in der Hand. ›White Horse Theatre, Maid Marian‹. Auf dem Tisch ein Stapel Informationsbriefe.

»Wir können es nicht verpflichtend machen, solange es Geld kostet«, so Anitas Auskunft.

»Wenn in dem Schreiben (nicht vergessen auszuteilen!) wenigstens stünde, dass es sich um eine Schulveranstaltung handelt, dann könnten wir per Bluff mit gut 50% Zuspruch rechnen«, schätze ich und mache mich mit Englischbuch und Elternschreiben auf in den Unterricht.

»Ist das nun Pflicht oder freiwillig?«, fragen die Schüler; sie denken mehr an ihren freien Dienstagnachmittag, der eigentlich unser AG-Nachmittag ist, als an die 4,10 EUR.

»Es ist natürlich freiwillig«, sage ich, »aber jeder, und insbesondere jeder A-Kurs-Schüler, der ordentlich etwas lernen will und mit dem Englischen auch mal etwas Spaß haben möchte, für den ist es Pflicht.«

Vier Schüler, Lara und Florian sowie Hannes und Nils aus dem B-Kurs kommen zusammen.

Andere Lehrer verfügen offenbar über etwas rabiatere Motivationsmethoden; sie werden vollzählig entsenden. Wieder andere, Reini nämlich, schlagen sich vor die Brust, weil sie nur sich selbst zu melden haben.

Jetzt sitzen die Zuschauer, geschätzt hundert Schüler und ein stolzes oder zerknirschtes Dutzend Lehrer, um die runde, tuchausgeschlagene Spielfläche herum und machen sich Gedanken über die wenig vertrauenerweckenden Bühnenaufbauten, insbesondere ein ebenso galgenähnliches wie galgenuntüchtiges Gerüst, und die umhergeisternden zwei kleinen Engländerinnen und einen langen unenglisch wirkenden Freak, von denen man sich wünschte, dass sie vielleicht Souffleusen, Beleuchter oder maximal Stückeschreiber wären, – so blass und rotblond die eine, so pummelig die andere, so dünn und zickenbärtig der dritte.

Dann ein Paukenschlag, ein Beckentusch, nein, ein losbrechendes ganzes Orchester und out of nowhere tanzend, springend, singend (»he robbed the rich to help the poor«), grimassierend, dazu die Saiten schlagend, Glöckchen rührend die Schauspieler. Robin, von gedrungener rundwangiger Art, der mit clownhaft ungeschlachten Händen Beifall einfordert, hey,

hey, hey! The Sheriff of Nottingham, ein Fiesling mit spitzen Schuhen und spitzen Bemerkungen und spinnenartigen Bewegungen. Eine zarte, blasse, aus Kornblumenaugen lachende Marian. Und?

»Where are the others?«

»Where's Little John?«

»Little Jo-hon!«

Der Lange stolzt zurück ins Nowhere. Dort das Geräusch, das schwierige Geräusch, eines zitternd in einem Eichenstamm stecken bleibenden Pfeils, dazu ein Schrei. Natürlich war der Eichenstamm kein Eichenstamm, sondern das Sheriffhinterteil, das sogleich unter hochgeschlagenem Sheriffrock seine Bühnenrunde macht. Am Pfeilende ein Brief. Der Rest der Schauspielertruppe ist aufgehalten worden.

»Got stuck in the Stau.«

»Oh dear!«

»What can we do?«

»We need a bishop first of all. Anybody here that can do a bishop? What about you, yes you? What's your name? See if this tiara fits you. Oh, perfect! Just stand there, that's the way, and be the bishop. A round of applause for Nils, the Bishop of Nottingham!«

»Hey, hey, hey!«

The Bishop of Nottingham, der sogleich vor dem Galgengerüst, das sich durch Aufstecken eines Kreuzes in eine Kathedrale verwandelt, Maid Marian vermählen soll mit dem Sheriff.

»Oh no!«

Robin Hood weiß das zu verhindern, Gott sei Dank. Es entspinnt sich eine turbulente Handlung mit tausend perfekt witzigen Einfällen, mit schwerterknallenden Zweikämpfen, mit Backpfeifen (klatsch!), mit Kinnhaken (boing!) und taschenmesserartig abklappenden worst enemies, mit Verfolgungen, Verwechslungen, Verkleidungen, mit Doppelt- und Dreifachenttarnungen (z. B. the blind beggar, der in Wahrheit King Richard ist, aber sich, nachdem er den Sheriff zu Kreuze hat kriechen lassen, am Ende doch in den pausbäckigen Robin Hood verwandelt). Schließlich das unvermeidliche, von mir gefürchtete Happy-End; denn wer mich eine Stunde lang durch Witze weich schießt, dem zolle ich heimlich, peinlich, quellende Tränen lange vor dem letzten Kuss.

Warum erzähle ich das alles?

Einerseits natürlich, weil es niederschmetternd anzusehen ist, wie mies wir Lehrer unser Publikum bedienen, wie wenig wir die Erlebnis- und Gefühlswelt der Kinder ansprechen, wie unausgefeilt unsere Choreografie ist, wie grob unsere Methodik. Wie todernst wir, wie langweilig!

Andererseits weil unsere so fehlbedienten Schüler, wenn sie ausnahmsweise einmal richtig was geboten kriegen, gleichfalls ein recht mieses Bild abgeben. Ich verlange nicht, dass sie reihenweise nach dem Bischofsamt drängen, hab mich ja selbst in die dritte Reihe gesetzt. Aber ehe sich unsere Lieben mal zu einem Beifall, zu einer Reaktion durchringen können, ça dure. Sie sitzen da mit einer imaginären Fernbedienung in der Hand and want to be entertained. Sie haben bezahlt, sie wollen eine Dienstleistung. Menschliche Regung findet lange Zeit nicht statt. Trägheit herrscht, da können die Schauspieler charming sein, wie sie wollen.

»Good morning everyone. It's nice to be with you.«
»Good morning everyone. It's nice to be with you.«
»Guten Morgen alle hier. Es ist nett zu sein mit euch.«

Diesen kleinen Dreier habe ich erfunden, in meiner Not, denn es ist kein Leichtes, eine Nullreaktion, Gemisch aus Gleichgültigkeit und Verklemmtheit, zu Papier zu bringen. Aber für die dreifache Gedankenblase ›Get going, silly buggers‹, da verbürge ich mich, kenne doch meine Engländer!

Nicht einmal Maid Marian kann auf viel Unterstützung rechnen. Fast hatte ich das Gefühl, unsere Kinder finden es cool, dass sie zur Abwechslung mal dem geifernden Sheriff in die Finger gerät. Rettungslos vorbei die Tage des Kasperletheaters. Auch Robin Hood muss das erfahren; als er zwischenzeitlich in der Gewalt des Sheriffs ist, about to be hanged, da gibt es den ersten Szenenapplaus. Hey, hey, hey.

Wohin mich verkriechen? Gott sei Dank gibt es unmittelbar darauf die King-Richard-Szene oder einen der geilen Zweikämpfe, quarterstaff gegen quarterstaff, da kriegt den Beifall, wer am Ende Sieger ist, nämlich Robin Hood and no mistake.

Als das Stück vorbei ist, sehe ich, dass einige Schüler, Wolfs Schüler wahrscheinlich, den Schauspielern beim Abräumen helfen. Thank Heavens. Andere nutzen tatsächlich die Gelegenheit, um Fragen zu stellen. Good. Als ich beim Rausgehen an Wolf und dem Sheriff vorbeikomme, spüre ich das Bedürfnis, mich kurz, vielleicht mit anerkennenden, dankenden Worten in ihr Gespräch zu teilen. Aber es bleibt bei einem anerkennenden, dankenden, ungesehenen Nicken in die richtige Richtung.

Donnerstag, den 30. Mai

Ist es mir dienstlich zugetragen worden, durch Anita beispielsweise, die sich derzeit in ständigen Einsatzgesprächen mit der Chefin befindet, oder habe ich mir die Nachricht, mit blanken Äuglein und der etwas aufgedrehten, gedrechselten Art, in der man an den Direktorinnenschreibtisch tritt, selbst abgeholt?

»Es geht um meine Lebensplanung«, leite ich ein, mit Blick nicht in FP's Augen, sondern darüber hinweg in die Tiefen eines quietschbunten, aus gehäckseltem Recyclingkunststoff aufgebauten Bildobjekts, oder darunter her in die kleine Gesteins- und Fossiliensammlung. Das Bildobjekt ein später Teppenback (Kollege und überregional beachteter Künstler). Die Fossilien spätes Mesozoikum, die hier zum Briefbeschweren herhalten und von manchem Kollegen, ich denke an Eckhard, als Indiz herangezogen werden könnten, dass es sich bei Frau Fürwar-Pippel um eine veritable Erdkundelehrerin handelt (Klartext: Sie gibt seit Jahren ihre drei Stündchen Erdkunde in Klasse 11, während mancher Kollege sich Semester für Semester mit Abiturkursen herumplagt; womit wir beim Unterrichtseinsatz wären).

»Lebensplanung«, sagte ich und füge an: »Kein geringes Anliegen also.« Meinen Überstundenberg, nicht den gegenwärtigen, sich aus Vertretung, Sonderveranstaltungen usw. aufbauenden, sondern den altersteilzeit- bzw. neigungsfachbedingten, der von Schulleitung und Personalrat gleichermaßen für problematisch gehalten wird. Diesen Überstundenberg gedenke ich, im selben Maße wie bisher, nämlich mit drei Überstunden Latein pro Schuljahr weiter aufzutürmen, so lange bis unser Jahrgang, meine Klasse, in 10 entlassen wird; das wird in drei Jahren der Fall sein. Danach würde ich gern mit drastisch verkürzter Stundenzahl, nämlich Englisch in 11 und einem weiteren Grundkurs, in der Sek II weitermachen, d. h. aber auch meine Klasse letzten Endes bis zum Abitur begleiten.

Mein Traum: bei der Abi-Entlassungsfeier am kalten Büffett stehen, das Sektglas in der Hand, im Kopf die Gewissheit, gemeinsam mit den Schülern, die einem längst ans Herz gewachsen sind, die Salinger und Swift gelesen haben, die über Romeo und Julia geseufzt, über HELP! mit allen seinen grammatischen und fabulierenden Verästelungen gestöhnt haben – gemeinsam mit diesen Schülern und Schülerinnen (»Ciao Chiara!«, »Prost, Florian!«, »Lass dich drücken, Lara«!) ins Leben treten zu dürfen. School's out for ever.

»Das Ganze ist natürlich in erster Linie ein Rechenexempel«, belehre ich abschließend meine Schulleiterin.

»Ein Rechenexempel und ein schulrechtliches Exempel«, belehrt sie zurück. Die Schulleitung ist nämlich ›gehalten, Überstunden zeitnah auszugleichen‹. Erlass. Das heißt für mich: eine Gruppe abgeben. Da Latein weiterlaufen muss und ja auch, auf eigenen Wunsch, in meiner Hand bleiben soll, kommt nur Deutsch oder Englisch in Frage. Also zwölf statt 15 Stunden. Dabei fühle ich mich mit 15 Stunden gerade richtig schön ausgelastet, habe dennoch genügend Freistunden für den schulischen Kleinkram, und Gelegenheit, die lieben Kollegen, Eckhard z. B., mit meinem notorischen Tagebuchschreiben zu verunsichern oder Lothar durch pure Muße auf die Palme zu bringen.

Ich frage die Chefin, warum, was zwei Jahre möglich war, im dritten Jahr nicht mehr möglich sein soll. Ich bringe meine Klassenlehrerverantwortung ins Spiel: Das mir verbleibende Fach wird in jedem Fall differenziert sein, d. h. ich hätte nur noch die halbe Gruppe im Unterricht. Ich löse meine Blicke von der seelenlosen Wandkunst, von der steingewordenen Erdgeschichte, suche mein Heil vielleicht sogar in der Mitte – es hilft nichts.

»Zumal ein Zweites hinzukommt, die neue Referendarin.«

»Kirsten Kowalski?«

Genau. Sie ist unserer Schule zugeteilt und sie muss mit eigenverantwortlichem Unterricht eingesetzt werden. »Und dass sie sich den zukünftigen 8. Jahrgang ausgesucht hat, ja, das haben Sie sich vielleicht sogar selbst zuzuschreiben.«

In der Tat. Die neue Referendarin, kaum dass Silvana mich verlassen hatte, tauchte mit offener Terminkladde in unserer Lehrerstation auf, hat sich von Anita kurz einführen lassen und saß am Tage drauf in meinem Englischkurs.

Wie immer in solcher Situation brenne ich ein unterrichtliches Feuerwerk ab und ziehe prompt Kirsten Kowalskis uneingeschränktes Lob auf mich. Too bad.

»Wir wollen doch auch der nachwachsenden Lehrergeneration eine Chance geben«, gibt die Chefin zu bedenken. Ich bin der Letzte, der da widersprechen könnte. Habe nie etwas gegen nachwachsende Referendarinnen gehabt. Und was das eigene Herauswachsen angeht, so habe ich mir seit jener Entscheidung für Anitas Jahrgang genau diese Option, mich allmählich wieder herauszulösen, immer vorbehalten, ja ausbedungen. Jetzt steht diese Option vor der Tür, jetzt mag ich nicht loslassen. Werde geradezu eifersüchtig. Wünsche Kirsten nur mittlere Erfolge, damit es nach einem Jahr, und nur darum geht es vorerst, kein Gemaule gibt.

»Bauer kommt wieder.«

Und Kirsten? Kann ich es nicht freudig für Kirsten tun? Natürlich werde ich das. Sie ist jung. Sie ist lieb. Sie ist interessiert. Sie zeigt, schon nach einer Hospitation (bravo, Kirsten!), ein saugutes Urteilsvermögen. Sie hat nicht Silvanas etwas abträgliche Weichheit, nicht deren Blütenmüdigkeit, nicht die chauchathafte fleischliche Lässigkeit. Sie schminkt sich nicht, sie pudert nicht. Sie ist – als Bauer darf ich mir diesen Vergleich herausnehmen – kein Mohngerank, sie ist ein prangender Roggen.

»Noch ist nichts entschieden«, sagt Fürwar-Pippel, während ich schon den Rückwärtsgang einlege, und fügt in Anspielung auf die Trödeligkeit der Bezirksregierung hinzu, »am ersten Schultag wissen wir mehr.« Eine schöne Schlusspointe, aber leider auch die Unwahrheit.

Freitag, den 1. Juni

Vergangenen Freitag in der ersten kleinen Pause nimmt Victoria ihren Lehrer beiseite (if that's at all possible) und sagt unter dem Siegel der Verschwiegenheit: »Herr Bauer, in der Klasse kiffen sie.«

»Wer kifft?«, frage ich mit heimlichem Entsetzen; ›kiffen‹ für mich Unschulds-68er ein fast obszönes Wort.

»Die Mädchen. Also auf jeden Fall Kerstin und Jennifer, vielleicht Yvonne Ehrenstadt.« Victoria und Lara haben das schon lange vermutet, weil die drei ja immer zum Waldrand gehen, in den Mittagspausen, zum Rauchen und »da wird halt auch gekifft.«

»Aber woher weißt du, dass sie kiffen? Warst du auch mal da?«

Nein, das war Victoria nicht; dafür hat sie nur ein Lächeln. Sie hat einmal beobachtet, wie Jennifer aus Kerstins Schultasche ein Schächtelchen gezogen hat, daraus einen Joint genommen und den Joint Yvonne Schmitt gezeigt hat.

»Bist du verrückt!«, hat Kerstin darauf gesagt.

»Yvonne weiß doch Bescheid, die sagt nichts«, war die Antwort.

Victoria hat das ihrer Mutter erzählt. Die Mutter wollte mich anrufen, aber Victoria hat darauf bestanden, es mir selbst zu sagen. Ihre Blicke bedeuten mir, wenn sie schon petzt, dann richtig.

»Das ist kein Petzen, Victoria«, sage ich. »Wir Lehrer müssen von diesen Dingen Kenntnis haben, damit wir einschreiten können. Das hast du dir sicher auch selbst gesagt. Wir sind dir dankbar dafür, weil wir auch wissen, dass es dir nicht leicht gefallen ist.«

»Sie sagen aber nicht, von wem Sie's haben!«

Ich verspreche es hoch und heilig.

»Sie können ja so tun, als hätte ich noch ein Blatt gebraucht.«
Sie hat Angst, mit mir gesehen zu werden, worden zu sein. Ich
verstehe. Also ein Blatt, gute Idee.

»Wer brauchte noch das Goslar-Blatt, wer war das? Brigitt?« So frage ich wenig später vor der Klasse, 2. Stunde,
Deutsch.

Das Goslar-Blatt – als täte das hier etwas zur Sache – besteht aus dem fingierten Report der ›Goslarschen Zeitung‹ zum
mysteriösen Verschwinden der Schülerin und Hobby-Skilang-
läuferin Juliane W. aus St. Andreasberg, von der nach einem
spätnachmittäglichen Loipentraining am Sonnenberg nur eine
hangabwärts sich im tief verschneiten Wald verlierende Skispur
zurückgeblieben ist. ›Hinweise von Einheimischen, die einen
Zusammenhang mit dem ungeklärten Verschwinden einer
jungen Frau im Winter 1976 und einem im Volksglauben le-
bendigen Andreasberger Waldgeist herstellen wollen, wurden
von der Polizei als wenig hilfreich eingestuft.‹ Aufgabenstellung: a) Schreibe nach obigem Vorbild einen Zeitungsartikel
über das Verschwinden des ›Fischers‹; b) Schreibe nach dem
Vorbild von Goethes ›Fischer‹ ein Gedicht zum Verschwinden
der Juliane W.

Egal, wie gut oder schlecht ein Arbeitsblatt ist, – du teilst es
heute aus, sagst noch »Klebt es ein!« und am nächsten Tag fehlt
es garantiert einem halben Dutzend Schülern.

»Ich finde das deshalb so unerträglich, weil ihr nicht nur eure
Blätter verbaselt, sondern dann hinterher stundenlang ohne dasitzt. Wie wollt ihr da mitarbeiten können? – Victoria. Aha!« (So
schütze ich meine Schülerinnen.)

In der großen Pause berichte ich im Lehrerzimmer: Kiffer im
Jahrgang. Betroffene Gesichter. Zunehmende Betroffenheit
auch bei mir, darüber, dass ich auch im Entferntesten niemals je einen Verdacht geschöpft habe. Leistungsverweigerung!

Scheißegalstimmung! Unmotiviertes Schwänzen! Das muss doch auch einem Nichtraucher zu denken geben!

»Wir müssen etwas unternehmen!«, sagt Anita. Gespräch mit den Betroffenen? Information an die Eltern? Einschaltung der Drogenberatung?

»Erst mal gar nichts«, plädiere ich. »Wochenende! Und am Montag gucke ich mich mal unauffällig am Waldrand um.« Am Montag? Mein freier Tag. Also Dienstag.

»Dienstag gibt's keine Mittagspause.« An unserem AG-Nachmittag gehen die Schüler mehrheitlich nach Hause.

»Wichtig ist, dass nichts nach außen dringt. Erst mal. Nicht an die Eltern, nicht an die Mädchen. Wir brauchen Fakten. Es geht ja auch um die beiden Typen.«

Die Typen, das sind zwei schulfremde Bengels, von denen Victoria wusste und die bei uns gelegentlich gesehen worden sind, vielleicht Beschaffer, jedenfalls Kerstin Neumanns Kontaktleute zu einer wie auch immer gearteten Szene.

Während ihres (ausfallenden?) AWT-Unterrichts wird Victoria noch einmal von Anita befragt. Wer beteiligt? Wie lange schon? Wo genau? Namen der Jungs? Und der Joint, beschreib mal.

»Na, wie so ein Joint halt aussieht.« Tütenförmig, oben zu. An Victorias Glaubwürdigkeit ist nicht zu zweifeln.

Heute nun das dritte Gespräch. Auch Jens will sich ein Bild machen. Anita, Victoria und ich sitzen im Stufenleiterbüro, bereits 20 Minuten in die Mittagspause hinein. Weil Jens noch in der Mensa ist, uns vielleicht sogar halb vergessen hat, die Zeit andererseits drängt, denn Victoria hat um 15.00 Uhr einen Arzttermin, wohnt in Lehre, von meinen Überstunden ganz zu schweigen, – weil also die Zeit drängt, erfragt Anita, unter Aussparung des Kästchens, des Joints, des Waldrands, noch einmal das eine oder andere, auch wie es sonst so aussieht, im Jahrgang, in ihrer Klasse, bei den Mädchen. Victoria antwortet ganz locker: »Na ja, rauchen tun bei uns alle. Und Jennifer trinkt.«

»Wie? Was? Jennifer trinkt?!« Ich explodiere fast.

»Sie trinkt halt.«

»Und was heißt, alle bei uns rauchen? Alle Mädchen? Du auch? Und Lara?«

»Nein, wir nicht.«

»Und Brigitt und Yasmen. Die rauchen doch nie im Leben!«

»Nein, die auch nicht.«

»Also, wer dann? Lydia?«

Endlich ein Treffer. Dass Lydia raucht, habe ich selbst schon mitgekriegt. Bleiben eigentlich nur noch Hanna, Kerstin Graub und Ilka. Werden's mal probiert haben. Mir ist es jetzt auch egal. Ich will das Gespräch beenden.

»Herr Hütteroth ist wohl aufgehalten worden.« Als ich »Ab zum Kieferorthopäden« sagen will, kommt Jens prompt zur Tür herein, ganz Entschuldigung, ganz Schlüssel, ganz Papiere … gaaanz ruhig.

»Jetzt erzähl doch mal, Victoria.«

Bevor ich recht intervenieren kann, ist Victoria, nach einem kleinen belustigten Seufzer, schon bei ihrem durch Jens' Fragen sauber strukturierten Bericht. Kerstin und Jennifer, ja. Yvonne, vielleicht. Der Joint tütenmäßig. Die fremden Jungs nicht bekannt, nein, nur so vom Sehen. Zum Waldrand, na ja, ziemlich regelmäßig. Ansonsten? Nein, das ist alles.

»Wir danken dir, Victoria.«

Gerade noch rechtzeitig. Ihr Bus fährt in acht Minuten.

Jens hält nichts von verdeckten Ermittlungen. Nach allen unseren Erfahrungen und denen der Drogenberatung kommt man in offenen Gesprächen mit den Beteiligten, den Eltern weiter. Das natürlich erst, wenn eindeutige Beweise vorliegen. Victorias Beobachtungen geben vorerst zu wenig her. Also erhöhte Wachsamkeit; die Eltern im Vorfeld des Problems sensibilisieren; die Schülerinnen zum Nachdenken bringen, auch über den Leistungsgesichtspunkt.

Morgen ist Elternabend. Da werden Hans-Peter und ich das Problem im Zusammenhang mit der Klassenfahrt allgemein in den Raum stellen. Wir werden auf die besondere Situation außerhalb des Gewohnten abheben; wir werden warnend den Reiz des Neuen ansprechen, die fremden Gruppen in der Jugendherberge zu bedenken geben und das mit dreizehn, vierzehn Jahren, ich sag mal, klassische Einstiegsalter benennen.

»Das alles kommt auf Ihre Kinder zu. Sprechen Sie mit ihnen darüber.«

Gelöst? Ja, gelöst werde ich nach Hause fahren.

Donnerstag, den 6. Juni

Wie ich mir die Mütter zurück ins Klassenzimmer wünsche! Gestern Abend noch, keine zwölf Stunden ist es her, saßen sie reihenweise mit forschen Mienen und gespitzten Bleistiften vor mir, vor uns (denn natürlich hat sich Hans-Peter nach kleinen 20 Minuten eingefunden), haben Interesse bekundet, Besorgnis geäußert, das Beste gewollt, das Menschenmögliche versprochen und versprochen bekommen.

»Es geht schließlich um unsere Kinder«, bei der Klassenfahrt nach Sylt, beim Umzug ins Haus C, bei der Forderung nach angemessenem Mobiliar, bei der Herbstaktion gegen Stundenausfall, bei den Schülertoiletten, bei den Lernzielen des differenzierenden Mathematikunterrichts, bei der Verhütung von Läusebefall.

Genau genommen geht es auch jetzt, in dieser Deutschstunde, um sie.

»Um niemanden anders als um euch!«, wettere ich los, als sie die Blätter nicht ausgeteilt kriegen, als sie nach fünf Minuten zur Toilette müssen, als sie auch beim dritten Versuch das Wort ›diluviale Hochfläche‹ keineswegs über die Lippen bringen, als sie sich mitten im Thema ›Naturlandschaften Sylts‹ nach ausfallendem oder nicht ausfallendem Nachmittagsunterricht erkundigen, als sie, verdammt noch mal, den Mund nicht halten können und folglich nach einer halben Stunde sinnentnehmenden Lesens das Tertiär mit dem Pleistozän, d. h. auch das Rote Kliff mit dem Morsumer Kliff verwechseln.

Es schreibt sich jetzt so herrlich selbstironisch. In der Situation selbst treibt es mich zur Weißglut, sowohl einen offenkundig falschen Text vorgelegt zu haben (›diluvial‹, das richtet mich, das ist vorsintflutlich, das ist 60er Jahre!), als auch die falschen Kinder vor mir zu haben.

»Eure Eltern würden nicht wieder!«, wettere ich weiter. »Sie würden als erstes ihre Herbstaktion abblasen. Für mehr Unterricht, dass ich nicht lache! Weniger Unterricht muss die Devise lauten, für die drei, vier Interessierten. Der Rest soll sich zu Hause den Marsch blasen lassen, oder sich am besten gleich abmelden!«

In solch labiler Verfassung stoße ich ins Lehrerzimmer, ins trostlose Lehrerzimmer, wo der Umzug schon böse Löcher gerissen hat. Immer wieder kommen Trupps von Neuntklässlern und lassen mit einer Selbstverständlichkeit, die auf Oberstraßersche Schulung schließen lässt, einen Schreibtisch nach dem anderen mitgehen.

»Was weg ist, ist weg«, sagt Anita dazu und trifft damit meine Gemütslage nur mäßig. Sie selbst hat den Umzugsplan aufgestellt, wonach eigentlich erst in der letzten halben Woche geräumt werden sollte und ich also jetzt und hier ein Mobiliar- und Sozialensemble vorfinden müsste, das Anitas Ideal von dienstlicher Geborgenheit so recht entspräche.

»Unsäglich!«, schimpft aus ganz anderen Gründen Eckhard

Schöller. Er meint nicht einmal die drei gut über die zweite Hälfte der vergangenen Stunde verteilten Durchsagen, in forschem Bass das Treffen der Gospelkigs in der großen Pause fordernd, radebrechend einen Schüler in die Hausmeisterloge bittend, gut gelaunt auf die im Lehrerzimmer ausliegenden Listen für den Kollegiumsausflug am 30. 07. hinweisend, – Eckhard meint das Ansinnen der Schulleitung, welches von uns verlangt, die Kopien der LEBs, sofern wir nicht die vorgedruckten Formulare verwenden, aus eigener Tasche zu bezahlen.

»Aus eigener Tasche?! Ich glaube, ich spinne!«, so Lothar Klabein, der noch an seinem eigenen Schreibtisch sitzt und dort bis zum Tag vor der LEB-Ausgabe zu sitzen gedenkt (bravo Lothar!). Und so im Stillen auch ich, wenngleich ich mich erinnere, dass ich seit Jahren nicht nur eine, sondern zwei Kopien privat bezahlt habe.

Hilft mir das im allgemeinen Missmut, Ärger, Übelstand? Natürlich nicht. Im Gegenteil. Das Sowohl-als-auch, das verfluchte Einerseits-andererseits, reißt mir das letzte Stückchen festen Bodens unter den Füßen weg.

»Ja, und der Umzug!«, fährt Anita fort. »Kein Unterrichtsausfall für den Umzug. Neueste Anordnung von der Schulleitung.«

»Das heißt, wir sollen zusätzlich zu allem anderen, Unterricht, Konferenzen, LEBs, das Umräumen mal eben in unserer Freizeit erledigen? Na toll!«

»Ja, und das Spiel gestern, habt ihr das mitgekriegt?«

Manche ja, manche nein. Wir sind ja mitten in der Fußballweltmeisterschaft, Vorrunde. Das Erreichen des Achtelfinales ist von nationalem Interesse. Das entscheidende Irlandspiel fällt in die Mittagszeit. Sollte es etwa eine Übertragung geben?

Tatsächlich, als ich nach der 6. Stunde bei den Hausmeistern vorbeischauen will, um den Spielstand zu erfahren, sitzt da in der Pausenhalle vor der Loge die halbe Schule auf dem Fußboden und verfolgt die Partie vorm Fernseher, den die Hausmeister rausgestellt haben. 1:0 für Deutschland, entsprechend die Stimmung.

»Da fängt Schulkultur an«, sagt Eckhard Schöller, der genau diese bei uns schmerzlich vermisst und mit Plakataktionen, Bilderreihen, Wandgrafiken (›Die Teilnehmerländer der WM im Größenvergleich‹) immer wieder anzukurbeln versucht.

Was also ist passiert beim gestrigen Spiel? Nachdem es zum Unterrichtsbeginn gegongt hatte, ich also mit meiner Truppe längst im Klassenraum war, muss die Chefin aufgetaucht sein und sich komplett rumpelstilzchenmäßig aufgeführt haben: Restschüler, Restlehrer, Hausmeister zusammengestaucht, Fernseher aus, ein für alle Mal, ab in den Unterricht!

»Es ist der Stil«, höre ich. »Sich tagelang ins Direktorzimmer zurückziehen, dann ausrasten! Solche Dinge sind doch voraussagbar, planbar.« Was hätte es geschadet, fragt man sich, ein Spiel für den ganzen Betrieb im Forum zu übertragen? Einmal blaumachen. Eine Schulgemeinde, die gemeinsam bangt und fiebert, die mal gemeinsam »Tooor!« schreit, das ist doch allemal mehr wert als eine achte Stunde Unterricht.

Ja und nein, denke ich. Einerseits, andererseits. Mit beiden Händen möchte ich meinen Schädel greifen.

Gibt es denn an dieser Schule kein einziges Thema, bei dem ich aus vollstem Herzen in das allgemeine Wehklagen, den kollektiven Schimpfreflex, die himmelschreiende Entrüstung einstimmen kann?!

Bis heute Morgen wäre das vielleicht der Fall Meyer-Sielmann gewesen.

»Auch so eine Sache des Stils«, sagt Anita, vorsichtig.

»Die Informationspolitik der Schulleitung meinst du?«

»Ja, natürlich. Es ist doch skandalös, sie vierzehn Tage lang im Unklaren zu lassen, während man sich schon mit der Mitbewerberin zu Einsatzgesprächen zusammensetzt.«

Es geht um eine Verbeamtungsstelle, Schwerpunkt AWT, die ›schulscharf‹, d. h. auf unsere Bedürfnisse hin ausgeschrieben worden ist, und für die im Vorgriff besagte Frau Meyer-Sielmann als Angestellte eingesetzt worden ist.

Frau Meyer-Sielmann ist eine der wenigen Kolleginnen, oder mittlerweile die einzige, die ich nicht duze, zu duzen mich nicht getraut habe. Bei einigen Frauen ist mir das so gegangen: Frau Karsch, Frau Hensel, Frau Schwäger, Frau Pfaffe-Intieri, Frau Tschibek und, lange Zeit, bei Frau Sonschein, Anita Sonschein.

Frau Karsch war Schulleitergattin, da verbot sich jedes Duzen. Theodore Hensel, junges Ding, als sie kam, war mit Hensel liiert, später verheiratet, also auch Schulleitergattin. Frau Schwäger war Muttityp, Hauswirtschaftslehrerin, über 50. Frau Pfaffe-Intieri war Ausländerin, Italienerin, hatte also automatisch meinen Respekt, den sie allerdings durch ihre eigenwillige Art, an Deutschland alles bis auf ihr Gehalt abzulehnen, arg auf die Probe gestellt hat. Frau Tschibek, obwohl auch schon mal Michaela genannt, war und ist Frau Tschibek; auch ohne ihr chaotisches Wesen, ohne ihre ökologische Durchschlagskraft, ohne ihre dienstliche Unerschrockenheit, ohne ihre altruistische Großherzigkeit, ohne ihr kiloschweres Schlüsselbund – allein vermittels ihres ausladenden Busens hält sie Leute wie mich auf Distanz. Frau Sonschein hatte eigentlich nur die bescheidene Autorität ihres Jahrgangsleiterpostens, hat diese aber, als wir erstmals dienstlich miteinander zu tun hatten, umgehend genutzt, um unsere Beziehung ›auf eine neue Geschäftsgrundlage zu stellen‹. Heißt seitdem Anita.

Und nun Frau Meyer-Sielmann. Sie hat Erscheinung. Sie trägt Röcke. Wenn Hosen, dann schwarz, mit Bügelfalte. Sie trägt das schwarze, kinnlange Haar ordentlich frisiert. Sie trägt elegante Schuhe, die sie morgens, da bin ich sicher, mit einem wolligen Lappen auf Glanz hält. Durch Schminken erzielt sie trotz feiner Sommersprossen eine fast vornehme Blässe. Diese Frau Meyer-Sielmann, mit ihren braunen Augen und ihrer zurückhaltenden Art, habe ich gleich in den ersten Tagen ihres Dienstes angesprochen (»Eine neue Kollegin. Wie schön«), aber natürlich nie im Leben geduzt.

Später war zu erfahren, dass sie sich schnellstens eingelebt hat, in ihrem Fach und Jahrgang gute Arbeit macht, von Schülern und Kollegen geschätzt wird. Eine Bereicherung für unsere Schule.

Und jetzt, nach einem Jahr, wo die Bewerbung um die Stelle läuft, hat der von der Gesamtkonferenz frisch eingesetzte ›Ausschuss für Neueinstellungen‹ (Vorsitz Schulleitung) einer anderen, unbekannten Kollegin den Vorzug gegeben. Paukenschlag! Allgemeines Entsetzen! Wie konnte das passieren?!

Ganz einfach. Frau Meyer-Sielmann hat die Bewerbungssituation unterschätzt. Die Stelle sicher geglaubt. Sich allzu selbstbewusst dargestellt. So jedenfalls lautete heute Morgen im Fahrgemeinschaftsauto die vertrauliche Einschätzung aus Personalratskreisen.

»Und dann natürlich die Sache mit dem Frankreichaustausch«, fügt eine weitere Plaudertasche im Lehrerzimmer hinzu.

Frankreichaustausch und AWT? Ich merke, mit meinem Informationsvorsprung ist es nicht weit her.

»Wer als Französischlehrerin«, die sie offenbar auch ist, aha, »in einem Bewerbungsgespräch auf die Frage, ob sie einen Schüleraustausch aktiv unterstützen würde, mit nein antwortet, für den kann ich kein gesteigertes Mitleid empfinden.«

»Sie war wahrscheinlich nur ehrlich«, vermutet Hella.

»Ehrlich und gut informiert«, orakelt Jost. Er sitzt mit offenem Laptop an die Stirnseite von Hellas Schreibtisch geklemmt, hat wahrscheinlich ein Weltraumfoto der Bretagne einschließlich seines Ferienhauses auf dem Schirm. Erst jetzt klinkt er sich ein. Er berichtet vom letztjährigen Austausch mit Givors. Katastrophales Verhalten der deutschen Gastschüler. Hätten sich bedienen lassen von vorn bis hinten. Keine Anstalten, mit der Familie in Kontakt zu treten, oder gar Französisch zu sprechen. Bis in die Puppen geschlafen. Spät nachts nach Hause gekommen, natürlich angetrunken.

»Alle?«, frage ich entsetzt.

»So ziemlich«, sagt Jost.

Scheißschule (no matter how you look at it)! Über leere Kartons stolpere ich zu meinem Platz. Erste große Pause kaum zu Ende und der Tag ist schon für mich gelaufen! Da brauche ich die ›Einladung zum Abi-Ball 2002‹ gar nicht mehr. Sie steckt im Fach, zusammen mit der Einladung zur Deutschfachkonferenz am vorletzten Schultag (na toll!) und der Mitteilung, dass Yvonne Ehrenstadt Läuse hat.

Die Einladung zum Abi-Ball ist eine zerschnittene DIN-A4-Kopie, kugelschreibergeschrieben, in Teilen verschrieben, rechtschreibunsicher, gestaltlos, lieblos. Anita sagt, ich dürfe nicht so hart sein, die beiden verantwortlichen Mädchen seien von ihrem Jahrgang alleingelassen und völlig überfordert gewesen; die ganze Organisation neben dem Prüfungsstress, die Verantwortung, der Zeitdruck, man kennt das ja. Übrigens, ob ich schon von dem tragischen Schicksal des Kollegen Bremer gehört hätte?

»Bremer? Kenn ich nicht.«

Herr Bremer, Dauervertretung für Gerald Freitag, hochgradig zuckerkrank. Er habe sich letzten Freitag zur Schule geschleppt. Musste dann ins Krankenhaus eingeliefert werden. Dort ist ihm, um sein Leben zu retten, das eine Bein amputiert worden.

»Nein!«

Freitag, den 14. Juni

Der Offenberger-Brief. Lag ganz harmlos in den Fächern und wird die nächste halbe Woche lang Furore machen. Der Schüler Lukas Offenberger, frisch gebackener Abiturient, Durchschnittsnote 1.4, wendet sich in einem drei Seiten langen, sauber ausgedruckten Rückblick an Lehrer und Mitschüler. Nichts Hingerotztes. Durchformuliert. Durchdacht. Und bereits im zweiten Absatz ein Sprengsatz!

Denn es gibt gute und schlechte Lehrer an unserer Schule. Die guten werden namentlich genannt, die schlechten auch. Und alle sitzen jetzt in langen Stuhlreihen im Forum, Blick auf die Bühne, wo gerade die Gospelkigs zur Abi-Entlassung singen (›O Happy Day!‹) und ahnen nichts. Denn Offenberger hat seinen Brief so hart vor der Feier in die Fächer gegeben, dass nur die Unentschlossenen und Zuspätkommer wie ich Bescheid wissen.

Als erstes entdecke ich Dieter Praller; er steht in dem gut gefüllten Saal mit buntem Schlips und einer Art Restaufsichtsmiene an der hinteren Wand, die Zufriedenheit des zweiten Mannes der Sek II ausstrahlend. Er würde immer und bei allen, Schülern wie Kollegen, als guter Lehrer gelten, maybe a little on the chummy side, aber doch ›voll in Ordnung‹. Und was schreibt Offenberger? Kumpel ja, aber sein Unterricht eine Spaßveranstaltung, in der Papierflieger kreisen. Ganz anders bei Doc Aribert (Ich suche die schwarze Lederweste über weißer Hemdbrust und tief gegürteten Jeans); in seinem Fall würde jeder einen unengagierten, allenfalls zynismengewürzten Unterricht vermuten, und was bescheinigt ihm Offenberger? Genau das. Notorisches Zuspätkommen muss sich Frank Frieling anlasten lassen. Maskenhafte Unterrichtsausübung Wolf Reimann. Die Chefin mit ihrer braven Erdkunde bleibt nicht ungeschoren. Und leider, leider gibt es auch in unserem

Jahrgang – denn Offenberger entstammt der ehemaligen Klabeinklasse – einige böse Einschläge; Lothar und Eckhard wird Selbstherrlichkeit und Autoritätsgehabe gegenüber Siebtklässlern vorgeworfen. Das die Bilanz auf der Negativseite.

Lob, höchstes Lob für Magnus Jageland, Käthe Grauhof, Dr. Krafft und Jens Hütteroth. The lucky ones. Wer von den Unerwähnten, selbst von den Kollegen, die Offenberger nie unterrichtet haben, wie ich, möchte nicht unter ihnen sein! Möchte nicht teilhaben an der schwarz auf weiß belegten Tüchtigkeit, der wissenschaftlichen Autorität, der Inspiration, dem Idealismus, dem menschlichen Engagement, der pädagogischen Unbedingtheit!

Moment mal. Sollte sich Offenberger im Falle Käthe Grauhof etwa getäuscht haben? Er kann ja nicht wissen, dass Käthe bei unserer allererstenen Begegnung in den 70ern, als ich ihr für die Übersiedlung nach Westhagen freudig meinen R4 geliehen hatte, ranker Rotschopf, der sie war, mir nur ein sehr knappes Dankeslächeln geschenkt hat, sie die schon damals herzlich genau wusste, was sie wollte, nämlich ihren wildbärtigen, hünenhaften Manfred vom Bahnhof abholen. Sollte es Offenberger verborgen geblieben sein, dass Käthe, wenn ihre Ideale in Gefahr geraten, schon Eltern und Lehrer runtergeputzt und säumige Kinder um Theatergeld oder ein Deutschheft durch den halben Kreis Helmstedt ins Elternhaus zurückgeschickt hat? Ach, in mancher Verästelung des Offenberger-Briefs scheinen mir Zweifel an seiner Gültigkeit zulässig.

Während ich ins Lesen vertieft bin, nimmt vorn die Entlassungsfeier ihren unerbittlichen Verlauf. Die Gospeltruppe hat abgesungen, die Chefin hat ihre kleine Rede gehalten Die Bühne betreten und verlassen hat auch Henrike Walther, die ich aus der letzten Theaterproduktion ›Leonce und Lena‹ in so guter Erinnerung habe, eine meiner Ex-Schülerinnen von vor einem guten halben Dutzend Jahren, in deren Posie-Album ich mich bestens verewigt weiß. Diese Henrike also ist gerade unter Lachanfällen und Scheiße-Gestammel, aber auch Riesenapplaus, abgetreten, ohne von ihrer Gitarrenballade auch nur zwei Zeilen gesungen zu haben. Sie macht den Platz frei für zwei Elternvertreter, darunter die unermüdliche Frau Plumbohm, die sich anschicken den Abiturienten Satirisches mit auf den Weg zu geben (»Was sagt man denn den jungen Leuten heutzutage? Die haben doch Abitur, die wissen ja schon alles«). Zum vorläufigen Ende gibt es die von zwei lieben Schülerinnen über ein Mikrofon vorgetragene, daher nur zur Hälfte verstehbare Abiturientenrede. Oh je, wer sich da nichts zu lesen mitgebracht hat!

Warum hat Offenberger, frage ich mich, Helmut Pallinski nicht erwähnt? Gerade betritt er schwungvoll die Bühne und beweist mit jedem seiner launigen Worte, nicht nur dass die Energie, die ein Schüler für 13 Jahre Unterricht in Form von belegten Brötchen aufnimmt, locker für eine Fußwanderung zum Mond ausreichte, sondern auch, dass er ein prima Sek-II-Leiter und ein verdammt guter Entertainer ist. Hätte er nicht eine Hervorhebung verdient?

Ludger Düchtig, wie ich ihn kenne, wird beim kalten Büffett zum Besten geben, dass nichts schlimmer ist als Nichterwähnung. Da bin ich in der Intimität des Daimler-Benz, dem Faradayschen Käfig meiner dummen, egozentrischen Phantasien, ehrlicher. Ich will, wenn dann Lob. Warum konnte Offenberger sich nicht irgendeiner Vertretungsstunde erinnern oder im Hörensagen forschen und für mich auf Deubelkommraus, auf Verdacht, auf Widerruf einen anerkennenden Halbsatz erübrigen? Mich, der ich seinen Brief nicht abtun werde als unreifen, unfairen Vergeltungsakt, sondern vor Anita, Hella, Hans-Georg und allen, die es hören dürfen, legitim, ja heilsam nennen werde.

»Schonraum Schule«, mein Reden. »Wir genießen ein Höchstmaß an Immunität. Öffentliche Kontrolle, Kritik von außen existiert nicht. Von innen ebenso wenig. Für Schüler, Kollegen, Eltern gilt: nichts sagen, nichts fragen, nichts wagen.«

Was tut Offenberger? Zuschlagen.

Dienstag, den 18. Juni

»Ich bring dich«, sagt Anita. Sie meint die paar Schritte raus aus dem kleinen postbäuerlichen Sonscheinschen Anwesen runter zur Straßenkreuzung. Die Schuljahresabschlussfete ist zu Ende. Alle Themen sind erörtert: die Weine Italiens, das Wetter der Bretagne, die Vorzüge automatischer Getriebe, die Schulleitung, die abwesenden Kollegen, die Schüler. Die Speisen sind gegessen: die Würstchen, die Nackensteaks, zur Hälfte auch die Salate, Anitas grobzwiebeliger bunter Salat und Reinis Kartoffelsalat, der, so Reini selbst, keinen Vergleich mit meinem schlesischen Familienklassiker aushält. Die Helden der Pädagogik sind müde.

Nur Anita und ich sitzen noch »auf einen Absacker« am runden, wagenradgestützten Glastisch auf der natursteingepflasterten Hofterrasse. Siggi, Anitas Mann, schwarzhaariger, balkanesker Typ, schwergewichtig, Nichtlehrer, leidensfähig, geduldig, gutmütig, hat sich zurückgezogen. Es ist ein lauer Abend.

»Ich bring dich.«

»Das ist doch nicht nötig«, sage ich, wahrscheinlich in dem Ton, in dem man auch »Oh, schön« oder »Das ist lieb« sagen würde. Ich schenke mir ein letztes halbes Glas Roten ein. Dann wird es Zeit für den Bus, und Anita bringt mich tatsächlich.

»Bis morgen dann. Eine schöne Fete. Ja, bis morgen dann«, sagen wir.

Spätestens als ich in der 23 sitze, muss ich an Heidi Brinkmann denken, 6. Klasse. Braungebrannt wie eine Haselnuss, lustige Augen, kurzes, starkes, glattes Haar. Ihr Vater ist Bademeister. Wenn sie aus dem Wasser auftaucht, legt sich ihr Haar schwarz glänzend in den Nacken. In der Schule sitzt sie schräg hinter mir, so dass ich mich umdrehen oder auf die Pause warten muss. Eines Nachmittags im Schwimmbad, vor 50 Jahren, ziehe ich mit fünf Pfennig zum Fensterkiosk. Da sitzt Heidi Brinkmann und verkauft. Oh Gott!

»Fünf Sahnebonbons zu einem Pfennig«, bringe ich hervor. Der Fünfer liegt.

Sie gibt mir fünf Storck-Riesen, Stück zwei Pfennig.

»Das sind Storck-Riesen«, sage ich.

»Ja«, sagt Heidi Brinkmann, »für dich.« Sie lächelt. Ich kann kaum noch danke sagen, so schnell bin weg.

Schön, nachts im Bus zu fahren, an dies und das zu denken und dem Herrgott zu danken, dass er einem die eine große Dummheit geschenkt, aber die vielen kleinen Dummheiten erspart hat.

Mittwoch, den 19. Juni

Letzter Schultag. Ich gehe ihn ohne gesteigerte Gefühlsregung an. Keine Wehmut, die lieben Gesichter fünf Wochen nicht zu sehen; keine wilde Nur-raus-hier-Entschlossenheit. Lediglich das Bedürfnis, meine drei Stunden ordnungsgemäß über die Runden zu bringen. Schlapp!

Dabei erwarten mich immerhin eine kleine Sensation, eine kleine Peinlichkeit, ein kleiner Disziplin-Showdown und die übliche kleine Dienstversammlung zur Kollegenverabschiedung.

Zur ordnungsgemäßen Abwicklung gehört die Gestaltung einer Deutschstunde, gehört die Verteilung einer Großpackung Aldi-Eise, gehört die Ausgabe der LEBs, der letzten meines Dienstlebens, schließlich das (Wortwiederholung!) ordnungsgemäße Verlassen des Klassenraums. Hierbei gehe ich letztmalig in diesem Schuljahr an die Decke; denn die Säuberung des Klassenfußbodens verzögert sich. Alles drängt schon in mächtiger Traube zur Tür. Hans-Peter, der pünktlich zur Dienstversammlung, anschließend pünktlich zum Weltmeisterschaftsspiel nach Hause möchte, schaut mit fragendem, vielleicht verständnislosem Blick zu mir herüber. Noch liegt die Pranke meiner Autorität auf der Klinke.

Die Eispapiere sind weitestgehend entsorgt; wäre ja noch schöner!

»Aber hier, die Schnipsel, der Bleistift, die Getränkeflasche! Das muss doch jemandem gehören!«

Aber es gehört keinem.

»Die Turnschuhe da!«

»Das sind Stephans.«

»Wer ist Stephan?«

»Stephan Lang!« Seit Ewigkeiten abgegangen. Seine Turnschuhe haben uns nicht nur durchs vergangene Schuljahr begleitet, sondern sogar, durch irgendeinen geheimnisvollen Freundschaftsakt, den Umzug ins Haus C mitgemacht.

»Ja, soll ich die Turnschuhe jetzt zum Hausmeister bringen? Oder sollen wir Stephan aus Göttingen herzitieren?«

Die Klasse weiß, dass sich an dieser Stelle jedweder Scherz verbietet. Jemand schlägt vor, sie in den neuen Klassenschrank zu legen.

»Also!«

Hannes, Stephans Freund von ehedem, erbarmt sich. Natürlich denkt jetzt alles, die Ferien könnten beginnen. Außer Bauer.

Schnipsel, Bleistift, Getränkeflasche. Irgendetwas muss noch. Face Saving.

»Kann nicht wenigstens Yvonne schon gehen?« Da will jemand etwas durch betonte Fairness bewegen.

»Wenn sie möchte.« Yvonne ist vor einer halben Stunde feierlich, nämlich mit einer kerzenbesteckten, Echt-Tanga-verzierten Riesenunterschriftenkarte, verabschiedet worden.

Aber Yvonne möchte nicht. Im Gegenteil, sie löst sich aus der Traube und greift coolen Blicks, der sowohl mit ›Mann, Alter!‹ als auch mit ›Kindergarten!‹ zu übersetzen sein könnte, nach der Flasche und dem Bleistift.

»Danke, Yvonne. Schöne Ferien euch allen!«

»Schöne Ferien«, kommt es schwach zurück. Mit meinen Schnipseln bleibe ich allein.

Im Jahrgangslehrerzimmer, dem neuen in Haus C, herrscht trotz der Engigkeit, der Bücherstapel, der Kartontürme – ich kriege nicht mal eine Auswahl der Auswahl meiner Materialordner unter – gähnende Leere. Die Kollegen bereits bei der Dienstversammlung. Schöner Ausklang!

Wenn wenigstens die Unterschrift nicht gewesen wäre! Für die Deutschstunde, in der ja was? vorgesehen war: ein neues Blatt zu Sylt, vielleicht zum Anmalen, mein neues kleines Wissensquiz, oder nur Bennis auswendig vorgetragener ›Erlkönig‹, für diese Deutschstunde, in der ich durch frühzeitige Benennung einer Aldi-Abordnung letzte Motivationsreserven mobilisieren konnte, in der ja auch Frau Ehrenstadt mit Tochter Yvonne auftauchen wollte, für diese Deutschstunde also hatten sich reichlich Mädchen, angeführt von Hanna, mit dem Hinweis »Es ist ganz wichtig, Herr Bauer« eine kurze Auszeit im Flur erbeten.

»Hat es mit Yvonne Schmitt zu tun?«, frage ich. »Ja«, hauchen sie. Stillschweigen wird mir abverlangt. Als ich zwischendurch meine Handvoll Wissenskärtchen (›Erfinder der Dampfmaschine?‹, ›Gegenteil von Wurzelziehen?‹, ›Berühmtestes Gemälde von Leonardo da Vinci?‹) aus dem Lehrerzimmer holen gehe, sitzen die Mädchen da, auf dem Fußboden, und gestalten.

»Wollen Sie auch unterschreiben?«, fragen sie, während sie auf Mädchenart gleichzeitig Blumen malen und ein Lied einüben.

Gerne. Ich gehe zu Boden, entschraube den Pelikan. Die Mädchen haben schon alle unterschrieben, dennoch ist viel Platz. Einem plötzlichen, saudummen Impuls folgend, lüfte ich den Tanga, der schon aufdrapiert ist, an einer Seite, unterschreibe schräg hoch in die frei gewordene Stelle, warte bis die Tinte trocken ist, uns schwupp! ist alles verschwunden.

»Olle Sau!«

»Pervers!«

»Guck mal, Mama, wie findest du das?«

Das geht mir durch den Kopf, als ich mit den Kollegen in einer langen Reihe an die Fächerwand des großen Lehrerzimmers geklemmt der Dienstversammlung folge. Die Chefin verabschiedet »nach dem Alphabet« (einem wohlmeinenden Alphabet) die Kollegen Meyer-Sielmann, Nau und Randlich.

Frau Meyer-Sielmann ist nicht erschienen; peinlich genug die Würdigung ihrer Arbeit. Betretenes Schweigen. Kein Mensch rührt sich. Doch! Gunther Scherf erhebt sich vom heute voll besetzten Sportlertisch (an normalen Tagen sitzen im ganzen Lehrerzimmer maximal fünf Leutchen), sagt, was alle denken, erfragt Kriterien, beklagt Versäumnisse. Aber für welche Schulleitung wäre »das der Ort und die Stunde« die Einstellungsdiskussion zu führen? Schluss.

Der Kollege Nau geht auf eigenen Wunsch in sein Heimatland Hessen, wir wünschen ihm alles Gute. Die Fachbereichsleiter Musik und Gesellschaftskunde schließen sich mit anerkennenden Worten, auch Präsenten, an. Vom Personalrat folgt der unvermeidliche IGS-Becher. Dazwischen Applaus, launige Dankesworte.

Den größten Bahnhof erhält Raimund Randlich. Geht nach 25 Jahren IGS, und nach zwölf Jahren Wegbewerbung, ans Schlossgymnasium Wolfenbüttel. Er ist der einzige von den dreien, die ich gut kenne. Er hat »das Gesicht unserer Schule entscheidend mitgeprägt«, »hat dem Fachbereich Kunst Impulse gegeben, von denen wir lange zehren werden«. Mir hat er es, bei aller Wertschätzung für den Maler, Kalligrafen, Haikuisten, Sinnesmenschen, Spätvater, durch seine verschmitzte Clownrolle, seine Sektlaunenpolemik und manchen provokant-spaßigen Kommentar auf Gesamtkonferenzen nicht immer leicht gemacht. Ich war auf kabbelige Weise immer anderer Meinung als er, zuletzt in Sachen Schullogo, mit dem er uns jetzt allein lässt.

Fredi Haas in seinem Überschwang und künstlerischen Laientum erinnert an Raimunds Verdienste um die Haas'sche Außenbühne, die gleichfalls ein Logo verpasst bekommen hat. Dieses Logo, das der so Geehrte mit 100%iger Sicherheit und aus ebenso vielen guten Gründen vergessen haben dürfte, zieht Fredi jetzt postergroß und glasgerahmt hinter dem Lehrerzimmertresen hervor und drückt es dem Künstler in die Hand.

»Meine Damen und Herren, lieber Raimund. Das Original!«

Lobende Erwähnung findet auch Raimunds künstlerische Aktion während der Nachrüstungsdebatte, »lang, lang ist's her, aber wir erinnern uns gern«, in welcher er auf einem Riesentransparent (3 mal 4,50 m), dem wachsenden Protest der Schulgemeinde folgend, in einem eleganten Metamorphosebogen aus düster schwarzen Pershing-II-Raketen schließlich Picassos himmelblaue Friedenstaube erwachsen ließ. Genial.

»Ich hoffe, Raimund«, flechte ich beim anschließenden Prosecco ein, »du hast dich durch Fredis kleinen Fehler bei der Zuordnung des Friedenstransparents nicht verletzt gefühlt.« Die Wahrheit ist nämlich, es war mein Transparent, meine

Aktion, und ich war es, der alle zwei Tage mit Farbtopf und Pinsel die sechs Meter hohe Leiter hochgestiegen ist.

»Keine Ahnung, wer das Ding damals gemacht hat. Keine Arbeit von mir.« So kriege ich auch noch mein Fett ab. Prost Raimund!

Wie gerne hätte ich Silvana zugeprostet! Die ganze Zeit während der Verabschiedungen hat sie auf der anderen Lehrerzimmerseite gesessen und in die falschen Richtungen geschaut. Jetzt entdecke ich sie nicht mehr. Ist wahrscheinlich langsamen, weichen, leicht vornüber gebeugten Gangs auf dem Weg zu ihrem cremegrünen Auto.

Sang- und klanglos mache auch ich mich aus dem Staube. Passiere gegenüber dem Sekretariat (das selbst leer ist; also auch hier hinein keinen Gruß!) mit schnellem Blick nach links den Zeitungskasten: der Artikel aus der Braunschweiger Zeitung vom 05. 06., ›Kreativ in der englischen Sprache‹, hängt noch. Ich selbst habe ihn vor zwei Wochen (›mit der Bitte um Aushang. Ungeduldigst, Ottmar‹) unserer PR-Beauftragten Heidrun Schwedhardt ins Fach gelegt, um bitteschön in den Tagen und Wochen drauf strahlend die massenhaften kollegialen Glückwünsche entgegenzunehmen. Es ging um die Kurzgeschichte ›The Horrible Power of Words‹, die durch den ›Daniil-Pashkoff-Prize‹ zu späten, nunmehr literarischen Ehren gekommen ist.

Was hat meine fabulöse Story (Vatermord einmal anders, nämlich ›with a solid portion of the Kentish coast, somewhat bigger than geologists had predicted, descending down on him‹) im Pressespiegel unserer Schule zu suchen?

Eine Menge. Einerseits findet manches private Ereignis aus der Kollegenschaft Eingang in den Glaskasten, z. B. die musikalischen Triumphe der Obersträßerkinder, z. B. die internationalen Tölt-Turniere auf dem Islandpferdehof unseres Kollegenpaares Grauhof, z. B. die alljährlich errungenen ersten Preise im Tiersport, einer Art sechsbeinigen Hürdenlaufs, des Kollegen Gerhard Bode (zur Umgehung des unschönen Namens Bode II auch Hunde-Bode genannt).

Andererseits ist ›The Horrible Power of Words‹ gar kein eigentlich privater, sondern ein schulischer, ein didaktischer Text, geschrieben aus der Not des Englischlehrers. Denn die ganze Geschichte, die auch eine Liebesgeschichte ist, gruppiert sich in abenteuerlicher Weise um ca. 50 Wörter von der folgenden Sorte: undertaker, fatal, shellfish, outspoken, sympathetic, delicate, self-conscious; Wörter also, die man allzu schnell als das liest, was sie nicht bedeuten: Unternehmer, Schellfisch, ausgesprochen usw.

Hätte eine solche Geschichte einen Handshake verdient? Ich würde sagen ja! Und tatsächlich, nach quälenden anderthalb Wochen kommt Karen Klänel freudestrahlend auf mich zu.

»Mein Gott, Ottmar! Was muss man lesen!« Sie beglückwünscht mich und bittet sich sogar ein Exemplar aus. Thanks a million, Karen!

Das ist unsere Schule. Die ich gerade missmutig über die abgestoßene Betontreppe am ehemals sprudelnden Brunnen verlasse. Sommerlichste Sonne. Ferien! Inga und Stella mit gepacktem Auto unterwegs, um mich nach Rerik, Usedom, Rerik abzuholen. Cheer up, Ottmar!

Auf halbem Weg fallen mir Frau Ehrenstadt und Tochter ein, wie sie vor der Klasse saßen, um den LEB abzuholen und, Sensation, Yvonne abzumelden. Es fällt mir auch ein, dass ich einen Blick in die Studienzone werfen wollte, die die Abiturienten anstelle eines Abistreichs, man höre und staune, in einer Nacht- und Nebelaktion von allem Sperrmüll freigeräumt, womöglich frisch gestrichen und im Bereich Mittelpfeiler nach Entfernung des ehemaligen Spaßklos um eine saubere Sitztheke bereichert haben sollen.

Umkehren? Gerechtigkeit walten lassen? Trost finden? Mir meinen schönen Schuljahresabschluss-Blues vermiesen? Ich denke nicht dran!

Endnoten

1 durch Erlass vorgeschriebene Planungstage am Ende der Ferien, 2003 abgeschafft

2 An der IGS erhalten bis Ende Klasse 6 alle Schüler denselben Unterricht. Ab Klasse 7 wird in Englisch und Mathematik, ab Klasse 8 in Deutsch, ab Klasse 9 in Naturwissenschaft ›differenziert‹, d. h. leistungsnormale Schüler werden in B-Kursen mit Grundanforderungen, leistungsstärkere Schüler mit erhöhten (›gymnasialen‹) Anforderungen unterrichtet. Den übrigen Unterricht erhalten die Schüler undifferenziert in ihren Kerngruppen.

3 Anstelle von Zeugnissen erteilt die IGS in den Jahrgängen 5-7 Lernentwicklungsberichte (LEB), in denen jeder Fachlehrer auf einem gesonderten Blatt durch Ankreuzen und freie Bemerkungen den persönlichen Leistungsstand und -fortschritt eines Schülers beschreibt.

4 Gewerkschaft Erziehung und Wissenschaft

5 In Arbeitsstunden sollen die Schüler, meist betreut vom Kerngruppenlehrer, selbstständiges Arbeiten lernen; dazu geben die Fächer Deutsch, Englisch, Mathematik wochenweise schriftliche Aufgaben auf.

6 Arbeitslehre, Wirtschaft, Technik

7 Haus C beherbergt die Jahrgänge 8-10, Haus A die Jahrgänge 5-7; beide sind dreistöckige Trakte und untereinander durch die Eingangshalle und den Verwaltungsbereich verbunden.

8 Lernzielkontrollen

9 Integrierte Gesamtschule, alle Schüler des dreigliedrigen Schulsystems (Hauptschule, Realschule, Gymnasium) in einer Schulform integrierend

10 Tutanden-Stunden, für Klassengeschäfte und zur Förderung des sozialen Zusammenhalts

11 betreute Arbeitsstunden, zur selbstständigen Erledigung von schriftlichen Aufgaben aus den Fächern Deutsch, Englisch, Mathematik